Jakob Coudenhove-Kalergi

Ein Neues Leben

Jakob Coudenhove-Kalergi

Ein Neues Leben

3. Auflage 1994

Satz und Gestaltung: Agentur & Satz, 27718 Ritterhude
Druck: Buchdruckwerkstätten Hannover GmbH

Dieses Buch wurde auf chlorfrei gebleichtem Papier gedruckt.

ISBN 3-926453-80-X

Printed in Germany

Inhaltsverzeichnis

Vorwort zur 3. Auflage

Es ist nun bald sieben Monate her, seit dieses Buch bei Waldthausen erschienen ist. Vor allem in Österreich, meiner Heimat, hat das »Neue Leben« sehr viele enthusiastische Anhänger gefunden. – Eine Fülle von Briefen sind bei mir eingetroffen, worin mir die Leserinnen und Leser ihre Erfahrungen mitteilen.

Thema Nr. 1 ist wieder einmal das Gewicht: Wenn ich für jedes Kilo, welches auf Grund meiner Regeln abgenommen wurde, 10 Schilling erhielte, wäre ich heute ein reicher Mann! Dabei sind die meisten der erfolgreichen »Abnehmer« gewiefte und langjährige Absolventen von den verschiedensten Diät-Kuren, die allesamt nicht genützt haben. (Genauso war es früher bei mir selbst.)

Neben den verlorenen Pfunden berichteten zahlreiche Leser aber auch über unerwartete Nebenerscheinungen auf Grund der Umstellung der Ernährung: Migräne, Ischias, Rückenschmerzen, Asthma und viele andere Leiden gingen entweder zurück oder verschwanden ganz. Dazu geringere Müdigkeit und erhöhte Lebensfreude. Jedenfalls wünsche ich allen Lesern dieses Büchleins, daß sie sich bei der Befolgung der – sehr einfachen – Richtlinien ebenso wohl fühlen wie diese Menschen (und ich selbst).

Wien, im September 1994

Jakob Condenhove-Kalergi

Teil I

Ein Neues Leben

Einleitung

Was für ein anspruchsvoller Titel! Doch er stimmt! In den letzten zwei Jahren hat sich mein Leben vollkommen verändert. Zum Guten. Der Grund: Eine neue Art der Ernährung, die ich Ihnen hier vorstellen werde.

Etwa ein halbes Jahr, nachdem ich mit der Umstellung meiner Eßgewohnheiten begonnen hatte, verfaßte ich in meiner ersten Begeisterung eine kurze Broschüre, die ich meinen Freunden und Bekannten schickte. Die Reaktion war unerwartet stark, die Resultate ähnlich wie bei mir selbst. Was bei mir als eine Routine-Abmagerungskur begonnen hatte (mindestens 15 hatte ich in meinem Leben schon absolviert!), entwickelte sich zu einem - das Wort fehlt, es müßte irgendwo zwischen Hobby und Leidenschaft liegen. Herauszufinden wie unser Körper funktioniert, wie unsere Ernährung die Funktionen des Leibes, des Gehirns und der Seele beeinflussen - Dinge, über die ich bis dahin keine Ahnung hatte.

Ich habe Vorträge gehört, Gespräche mit klugen Leuten geführt, mich einigen Therapien unterzogen, vor allem aber gelesen. Unter den Büchern habe ich jene ausgewählt, die mir am vernünftigsten schienen, keine leichte Aufgabe, da die Meinungen der einzelnen Autoren oft verschieden sind. Zum Großteil sind die Verfasser medizinische Rebellen, die mit der Schulmedizin in mehr oder weniger heftigem Clinch liegen (oder lagen).

Jene Praktiken, die mir vernünftig erschienen, habe ich am eigenen Leib ausprobiert und - sofern sie mir gut taten - in diesem Buch festgehalten.

Viele der Frauen und Männer, deren Theorien ich mir zu eigen machte, werden von den Wissenschaftlern verdammt und verspottet. Das war aber schon immer so, wenn Menschen neue Wege gegangen sind, denken Sie beispielsweise an die Akupunktur oder die Homöopathie.

Wie wird man ein Ernährungsfachmann? Ein junger Mensch entschließt sich, Ernährungswissenschaftler zu werden. Er oder sie macht seinen Doktor und gelangt schließlich an die Spitze irgendeines Ernährungsinstituts. Er schreibt ein paar Artikel, später Bücher, hält Vorträge, organisiert Kongresse, und - eh man sich´s versieht - ist er die Nummer Eins. - Was immer er oder sie sagt und schreibt, wird als Wahrheit akzeptiert. Dann kommt einer, der vielleicht mehr Phantasie hat und sich über das gleiche Thema Gedanken gemacht hat und zu anderen Schlüssen gekommen ist als der Große Meister. Der kann dann, wie die hier genannten Autoren, nur hergehen und seine eigenen Ideen niederschreiben in der Hoffnung, daß Menschen - wie zum Beispiel ich selbst - diese lesen und akzeptieren. Dieses Beispiel kann natürlich nur auf einige Wissensgebiete wie z.B. die Ernährung angewandt werden.

Ein guter und weiser Freund, dem ich über meine Absicht, dieses Buch zu schreiben, erzählte, gab mir drei Ratschläge, die ich mir zu Herzen nahm:

Erstens: *»Wenn Du die Menschen überzeugen willst, fasse Dich kurz. Wenn Du Deine Leser auf 50 Seiten nicht überzeugen kannst, kannst Du es auf 500 Seiten auch nicht!«*

Zweitens: *»Schreibe nur das, was Du selbst ausprobiert hast. Die Erfahrungen anderer zählen nicht. Nur das Selbsterlebte kann auf den Leser glaubwürdig wirken. Wie* *kannst Du beispielsweise die Auswirkungen des Fastens als herrlich bezeichnen, wenn Du nicht selbst gefastet und dies als herrlich empfunden hast?«*

Drittens: *»Sei ehrlich. Wenn etwas bei Dir nicht funktioniert, oder Du bist zu schwach, es durchzuführen, gib es offen zu. «*

Ich habe versucht, diese Ratschläge hier zu befolgen. Was den Umfang dieses Büchleins betrifft, so war es für mich nicht leicht, mich so kurz zu fassen, denn es gäbe noch viele Informationen, die ich gern niedergeschrieben hätte.

Wie bei den Kochrezepten ist auch ein »Ernährungsfahrplan« eine Geschmackssache; einer preist z.B. die Milch in den Himmel, der andere verdammt sie. Da heißt es, sich die Argumente anhören und dann seine eigene Wahl treffen (ich selbst bin ein Milchgegner geworden). Ein englisches Sprichwort lautet: *»The proof of the pudding is in the eating«* (etwa: Des Puddings Bewährung liegt in der Verzehrung). Wenn man also etwas ausprobiert und es bekommt einem, ist dies der beste Beweis für die Richtigkeit.

Bei den Fachbüchern ist das so eine Sache: Da hat ein kluger Mann eine gute Idee und möchte darüber ein Buch schreiben. Nun muß ein Buch aber ein gewisses Volumen haben, damit man es überhaupt verkaufen kann. Und so wird oft die Idee, die auf wenigen Seiten erklärt werden könnte, so lange ausgeschlachtet, bis die nötige Seitenanzahl erreicht ist. Bei Büchern über Ernährung ist das relativ einfach: Hier müssen - wenn der Stoff endgültig auszugehen droht - die Rezepte herhalten, denn solche gibt es in

Hülle und Fülle. Hier werden Sie keine Rezepte finden, wohl aber in den mit »R« gekennzeichneten Büchern im Anhang.

Viele werden jetzt sagen: *»Das hat er ja alles abgeschrieben.«* Das trifft - zu einem gewissen Teil - auch zu, doch habe ich hier nur jene Praktiken zitiert, die ich an mir selbst mit Erfolg ausprobiert habe.

Im übrigen umfassen die Bücher der hier genannten Autoren mehr als 7.000 Seiten. Diese Arbeit will ich Ihnen ersparen, es sei denn, Sie haben - wie ich - die Zeit und das Interesse, diese höchst wertvollen Werke zu lesen.

Ich habe hier versucht, die wichtigsten dieser Ideen und Theorien herauszusuchen und sie auf ein Minimum zu komprimieren. Das ist mir nicht immer leichtgefallen, denn das Thema ist dermaßen vielseitig, daß man immer wieder versucht ist, abzuschweifen. (»Fit for Life«, eines der informativsten Bücher, die in letzter Zeit über dieses Thema geschrieben wurden, hat einen Umfang von insgesamt 1374 Seiten - 3 Bände –.) Und das ist nur eines der vielen Bücher, die über dieses Thema geschrieben wurden und hier erwähnt sind.

»Fit for Life« von *Harvey* und *Marilyn Diamond* ist überhaupt eines der Bücher, welches mich am meisten beeindruckt hat. Mit 542 Quellenangaben ist es wohl das best-recherchierte Werk auf diesem Gebiet. Die *Diamonds* greifen in ihrem Buch vielfach auf die Erkenntnisse anderer Wissenschaftler wie *Dr. Herbert Shelton* (14 Bücher oder Artikel), *Dr. Walker* (6 Bücher), *Prof. Arnold Ehret, T. C. Fry* und andere, zurück (die auch ich in diesem Buch zitiere). *Harvey Diamond* ist kein Arzt, sondern Autodidakt, der durch eine Umstellung seiner Ernährung seine Gesundheit wiedererlangt hat. Von diesem Buch wurden weltweit über 12 Millionen Exemplare verkauft.

Helmut Wandmaker ist ein weiterer »Lieblingsautor« von mir. Hochdekorierter deutscher Offizier des Zweiten Weltkrieges, mehrmals schwer verwundet, widmete er sich nach dem Krieg als Kaufmann der natürlichen Gesundheitslehre. *Wandmaker* - er pilotiert heute noch sein eigenes Flugzeug - ist es zu verdanken, daß die amerikanischen Autoren wie *Diamond, Shelton* etc. ins Deutsche übersetzt wurden. Mit deutscher Gründlichkeit hat er die Literatur studiert und an seinem eigenen Körper ausprobiert. Er ist entschiedener Gegner des Kochens (»Willst du gesund sein? Vergiß den Kochtopf«). Der Kern seiner Lehre: Es gibt nur eine Krankheitsursache, und das ist die Vergiftung des Körpers, und es gibt nur eine Heilmethode: seine Entgiftung.

Wenn sich ein Laie wie ich durch längere Zeit hindurch intensiv mit all diesen Fragen beschäftigt und die einzelnen Lehren am eigenen Körper ausprobiert hat, so wird er mit der Zeit - wenigstens was seine eigene Person betrifft– zum Experten oder, wie man in Wien sagt, zum »Kapazunder«. Zum einzigen Experten, denn nur ich allein weiß heute, was mir gut tut und was nicht. (Ob ich meinen eigenen Rat dann auch befolge oder nicht, steht auf einem anderen Blatt.) Ich bin mir darüber im klaren, daß ich - neben Ärzten und Medizinern - auch viele der »Puristen« unter den zitierten Autoren verärgern werde. Letztere, weil ich zu tolerant bin, Ausrutscher und Sünden in der Ernährung nicht bedingungslos verurteile und das allgemein propagierte System »Die Natur kennt keine Kompromisse« mißachte.

Mein Wunsch ist es jedoch, möglichst viele meiner Leser zum »Neuen Leben« zu führen. Ich weiß, daß ich die Latte nicht zu hoch setzen darf, da sonst die meisten Leute nicht mitmachen. Im übrigen habe ich ja selbst viele Fehler gemacht - und mache sie immer noch. Trotzdem waren die Erfolge ganz phantastisch (wenn ich auch nicht bestreiten will, daß bei Unterlassung der Fehler sich mein körperliches und geistiges Wohlbefinden noch weiter gesteigert hätte).

Wenn ich mich heute bei meiner neuen Lebensweise körperlich, geistig und seelisch unendlich viel besser fühle als früher, kann mir kein auch noch so genialer Fachmann weismachen, daß ich auf dem falschen Weg bin. Sie können sich vorstellen, was ich empfunden habe, als neulich in einer Radiosendung eine Ernährungsexpertin allen Ernstes angeregt hat, daß Gewichtsbewußte doch immer einen Taschenrechner mit sich führen sollten, um die konsumierten Kalorien (dieses Wort kenne ich überhaupt nicht mehr) fein säuberlich aufzuzeichnen, und sie dann am Abend zu addieren.

Bedenken Sie bitte: Ich habe über dreißig Jahre nach einem Weg gesucht, mein Gewicht zu reduzieren und es zu halten. Ich habe so ziemlich alles ausprobiert, was es gibt. Immer voll Hoffnung und Optimismus begonnen, um nachher regelmäßig enttäuscht zu werden. Nun bin ich endlich dort angelangt, wo ich immer hin wollte: Ein Leben, in dem das Gewicht keine Rolle mehr spielt, ein Leben ohne Waage, Entbehrungen und Überwindungen! Würden Sie in einem solchen Fall noch gesteigerten Wert auf die Ratschläge anderer Fachleute legen?

Sicher wird es viele geben, die mich wegen eines solchen Hochmuts verurteilen. Aber betrachten Sie es einmal von dieser Seite: Der akademisch gebildete Experte hat vielleicht 10 oder 12 oder 15 Jahre Studium und Praxis hinter sich, eine Tätigkeit, an deren erster Stelle wohl der berufliche Erfolg stand. Was mich betrifft, habe ich mich nur zwei Jahre, aber dafür mit sehr großer Intensität - weil im eigenen Interesse - mit dieser Materie beschäftigt. Mein Körper war daher Hörsaal, Laboratorium und Experimentierfeld zugleich. Wenn ich nun nach dieser Zeit des Suchens Resultate erzielt habe, welche weit, weit über meinen ursprünglichen Vorstellungen liegen, so liegt es auf der Hand, daß ich für konventionelle Ratschläge der Schulmedizin kein großes Interesse aufbringen kann. Wenn mir aber ein Arzt ein Mittel oder eine Methode zeigt, mit der er an sich selbst bessere Resultate erzielt als ich selbst, dann bin ich sein Mann!

Ich bin auch davon überzeugt, daß sehr viele Ärzte im Grunde ihres Herzens mit den zitierten Autoren und mir einer Meinung sind. Da aber auch die Ärzte finanziell abhängig sind, geht es nicht an zu sagen *»Eßt vernünftig, dann braucht ihr uns nicht mehr.«* Die Pharma- und Lebensmittelindustrie ist in derselben Lage.

Wie ich schon anfangs erwähnt habe, bin ich kein Arzt und habe dieses Buch ohne medizinische Unterstützung geschrieben. Wenn auch von jenen Menschen, die meine erste Broschüre gelesen und befolgt haben, keine Beschwerden kamen, so sollten Sie doch, bevor Sie mit dem Programm anfangen – falls Sie dies überhaupt tun – mit Ihrem Arzt sprechen, da es möglich ist, daß diese Ernährungsweise für Sie nicht in Frage kommt.

Das »Neue Leben« ist zweigeteilt:

1. **Die Wirkungen auf den Körper** und

2. **Der Einfluß der neuen Ernährung auf Geist und Seele**

Wenn auch der zweite Teil viel wichtiger ist als der erste, so beginne ich doch - gewissermaßen als Köder - mit dem ersten Teil und hier wiederum mit dem Thema Nr. 1, mit dem Abnehmen. Wenn ich Ihnen nämlich voraussage, daß sich Ihre geistigen und seelischen Werte nach einer längeren Zeitdauer der neuen Ernährung grundsätzlich verändern - verbessern werden -, so wird das höchstwahrscheinlich keinen Eindruck auf Sie machen, weil Sie sich darunter nichts vorstellen können. Auf der anderen Seite ist die Aussicht, fünf, zehn oder mehr Kilo abzunehmen und dann das Gewicht ohne Mühe zeitlebens zu halten, für viele sehr verlockend. Dazu noch eine Gratisportion zusätzlicher Energie auch für jene, die nicht abnehmen wollen. Daher möchte ich, bevor ich mich dem wichtigeren Thema - Wirkung der Ernährung auf Geist und Seele - zuwende, noch einmal auf die profanen Effekte dieses Programms eingehen.

Der Kampf mit dem Gewicht

Mehr als 80% jener Menschen, die die Richtlinien, die ich in meiner ersten Broschüre festgelegt habe, gewissenhaft durchführten und auch weiterhin befolgen, taten dies, um Gewicht zu verlieren: Der permanente (und stets erfolglose) Kampf um die Gürtellinie, der kritische morgendliche Blick in den Spiegel, das vorsichtig-ängstliche Anschleichen an die Waage, das alles sind Probleme, die eine größere Zahl von Menschen beschäftigt als wir ahnen. Auch die - scheinbar - natürliche Schlankheit vieler unserer Mitmenschen ist oft nur das Resultat eiserner Disziplin und großer Opfer.

Wenn Sie zu den Glücklichen gehören, die solche Probleme nicht berühren, machen Sie trotzdem mit, denn der Preis, der Ihnen zum Schluß winkt, wird an Dünne wie Dicke - oder besser ehemals Dicke - vergeben! - Wie sicher ich meiner Sache bin, mag folgendes Beispiel illustrieren: Ich habe in meinem Leben ungefähr 15 Abmagerungskuren in den verschiedensten in- und ausländischen Anstalten absolviert - genau weiß ich das nicht mehr. Ich möchte weder die Kilos, die ich dort abgenommen habe, zusammenzählen, noch an die Summen erinnert werden, die ich bei den - sämtlich honorigen - Etablissements gelassen habe. Jetzt halte ich seit mehr als einem Jahr mein Gewicht (um 16 Kilo weniger als zuvor) und bin mir meiner Sache so sicher, daß ich meine Anzüge alle enger machen ließ und zwar irreversibel! Ich gehe soweit, mit jedem 10:1 zu wetten, daß ich mein Leben lang nicht mehr - wesentlich - zunehmen werde. Das ist doch ein Wort, oder?

In einer deutschen Fernsehsendung über die verschiedensten Diätkuren endete der Moderator mit dem Satz: *»Na ja, Patentlösungen gibt es halt keine.«* Das stimmt nicht. Ich hab' sie und will sie gern mit Ihnen teilen.

Natürlich ist es für einen disziplinierten Asketen kein Problem, das Gewicht zu halten. Wenn man sich den Rest seines Lebens von Gemüsesaft, Haferschleim, Sprossenkohl mit einem roten Beefsteak jeden zweiten Sonntag ernährt, kann man jedes Gewicht halten. Aber ist das dann noch ein Leben? Ist es dann nicht besser, sein Bäuchlein vor sich her zu tragen und das Doppelkinn zu pflegen? Ein weiteres englisches Sprichwort sagt: *»You can't have your cake and eat it too.«* (»Du kannst deinen Kuchen nicht zugleich essen und behalten.«) Auch nicht richtig! Mit dem »Neuen Leben« können Sie beides. In diesem Buch werden Sie erfahren, wie so etwas gemacht wird!

Nur eines rate ich Ihnen, nein, ich bitte Sie darum: Wenn Sie sich zur Befolgung der aufgezeichneten Regeln entschließen, so **bleiben Sie dabei!** Oft ist es mir passiert, daß Leser meiner Broschüre zu mir kamen und etwa folgendes zu mir sagten: *»Du, dein System mag ja ganz in Ordnung sein, aber da gibt's jetzt ganz was Neues aus Amerika (oder Frankreich oder Albanien), das schlägt also wirklich alles. Der Soundso hat gerade damit 6 Kilo in einer Woche abgenommen, also das mache ich jetzt auch, und adieu!«* Wenn Sie von einer Kur zur anderen springen, und von denen gibt es, wie Sie wissen, so viele wie Sand am Meer, dann fangen Sie erst gar nicht an. Auch müssen Sie (ich weiß, Sie müssen gar nichts, aber ich bitte Sie darum) **alles** vergessen, was Sie bisher über Ernährung, Gewichtszu- und –abnahme je gehört haben. Kalorien, Eiweißmangel, Milch- und Fleischprodukte, all das radieren Sie aus Ihrem

Gehirn aus. In diesem Büchlein steht alles drin, was Sie für »ein Neues Leben« brauchen.

Obst und Gemüse

Ändere deine Eßgewohnheiten!
Beachte die Naturgesetze!

In seiner unendlichen Weisheit hat Gott uns zu unserer Ernährung eine Fülle der besten und für unseren Organismus perfekt abgestimmten Lebensmittel zur Verfügung gestellt und das sind:

Obst und Gemüse
der verschiedensten Sorten

Diese sollen in natürlicher, also in nicht gekochter oder sonstwie »veredelten« Form, den Grundstock unserer Nahrung bilden.

Schon in der Bibel, in der Genesis, steht zu lesen: *»Siehe, ich habe euch gegeben alles grüne Kraut, das da Samen trägt auf hartem Stengel und alle Früchte der Bäume, die da Samen tragen, sie sein euch zur Nahrung.«*

Sämtliche für unseren Körper wichtige Aufbaustoffe - Vitamine, Zucker, Eiweiß, Kohlenhydrate, Fette, Mineralien - sind in ausreichendem Maße in diesen Lebensmitteln enthalten.

Obst ist die einzige bekannte Form der Nahrung, die roh und völlig naturbelassen gegessen wird, ohne Zutaten oder selbst den leisesten Gedanken daran, etwas geschmacklich verändern zu wollen. Das ist für mich der beste Beweis dafür, daß Obst unsere ursprüngliche und für uns vorgesehene Nahrung ist! Die Evolution - vom ersten Lebewesen, der einzelligen Amöbe, bis zum Menschen - hat etwa 1.500 Millionen Jahre gedauert. Parallel zu den Lebewesen entwickelte die Natur die unzähligen Lebensmittel, jeweils genau abgestimmt auf die Bedürfnisse der Tiere und des Menschen: vom einfachen Plasma bis zur Ananas. Bei den Fleisch- und Insektenfressern (zu denen wir nicht gehören) sorgte die Natur dafür, daß diese auch auf ihre Rechnung kamen.

Seit etwa 10.000 Jahren macht sich der Mensch das Feuer nutzbar und damit die »Kochkost«. Aber was sind 10.000 Jahre im Vergleich zu den Millionen von Jahren während derer sich der Mensch entwickelte und dabei ausschließlich von pflanzlichen Produkten lebte? War das ein »Irrtum« der Natur? Ist Kochen, »Veredeln« und »Verfeinern« unserer Nahrung wirklich ein Fortschritt? Urteilen Sie selbst!

Die sogenannte konzentrierte Nahrung, also Fleisch, Fisch, Brot und Teigwaren, ist nur eine zusätzliche Quelle für unsere Ernährung.

Auf alle Präparate der chemischen Industrie wie Vitaminpillen, Aufbau- und Schlankheitsmittel können wir mit ruhigem Gewissen verzichten. Nein, wir können nicht nur, wir müssen.

Was ist zu tun?

Wie alle guten Dinge ist die Sache im Grunde ganz einfach: von morgens (Frühstück bis mittags) nur frisches Obst essen, und zwar soviel Sie wollen: Äpfel, Birnen, Kernobst, Beeren, Trauben, Kiwis, Melonen, Ananas, Bananen (letztere nur, wenn Sie nicht abnehmen wollen). Früchte sind basisch, auch solche, die sauer schmecken wie z.B. die Zitrone. Von einer Übersäuerung des Magens kann daher nicht die Rede sein. Frischgepreßter Karotten- und Gemüse- oder Orangensaft kann ebenfalls getrunken werden (kleine Schlucke, nicht hinunterstürzen). Abzulehnen sind Konserven, Eingemachtes, abgepackte Säfte und Produkte, die über 55°C erhitzt wurden. Über dieser Temperatur werden wichtige Nährstoffe, die im Obst enthalten sind, vernichtet.

Das frische, unbehandelte Obst, vor Mittag auf leeren Magen gegessen, ist einer der wichtigsten Punkte dieses Programms. Warum?

Achtzig Prozent - ich wiederhole, achtzig Prozent - der unserem Körper zur Verfügung stehenden Energie wird durch die Verdauungstätigkeit verbraucht. Wenn man sich vorstellt, daß unsere ganze Nahrung, meist schlecht gekaut, den Magen und Darm (mit einer Länge von über 7 Metern) passieren muß, bevor sie ausgeschieden wird, so kann man sich eine vage Vorstellung davon machen, welche Kräfte hierfür notwendig sind. Nahrungsmittel wie Fleisch, Brot, Kartoffeln etc. verbleiben etwa 8 Stunden lang im Magen und 24 Stunden lang im Darm. Dabei werden große Mengen an Energie verbraucht.

Obst hingegen erfordert zu seiner Verdauung praktisch keine Energie; Obst wird nicht im Magen verdaut. Alle Früchte halten sich nur sehr kurz im Magen auf. In weniger als 30 Minuten passiert das Obst den Magen und gibt anschließend seine wertvollen Nährstoffe an den Darm ab, über welchen diese dann an die verschiedenen Organe unseres Körpers weitergeleitet werden. Es werden nur jene Mengen an Nährstoffen absorbiert, die für das einwandfreie Funktionieren unseres Körpers notwendig sind. Der Rest wird ausgeschieden. Die dabei gesparte Energiemenge ist beachtlich und kommt sowohl der Entschlackung des Körpers zugute als auch anderen Aufgaben, wofür unser Körper und unser Gehirn Energie benötigen. Wenn Sie übergewichtig sind, so setzt der Körper einen Teil der Energie zum Abbau der Fettreserven ein. Folge: Ein beachtlicher Gewichtsverlust (aber nur bei übergewichtigen Personen).

Ganz wichtig: Obst darf nur auf leeren Magen gegessen werden. Verletzt man diese Regel und ißt beispielsweise in der Früh ein Sandwich oder Ham and Eggs, so blockieren diese Speisen den Magen und anschließend verzehrtes Obst wird an seiner »Blitzfahrt« gehindert: Es bleibt stecken, gärt und fault, und der ganze positive Effekt ist beim Teufel! Ich höre bereits viele von Ihnen sagen: *»Ohne mein ordentliches Frühstück bin ich nur ein halber Mensch.«* Glauben Sie mir, wenn Sie einen Monat - den »harten Monat«, auf den ich später noch zu sprechen kommen werde - durchstehen, dann werden Sie sich wie zwei Menschen fühlen! Sie müssen nur daran glauben und konsequent bleiben!

Der Mensch ist von Natur aus ein Früchte-Esser. Unsere Hände sind zum Greifen und Pflücken von Früchten ausgebildet, unsere Schneidezähne zum Beißen der Früchte, unsere Mahlzähne zum Zerkleinern der Früchte. Früchte sind optisch appetitlich; sie riechen und schmecken gut. In den natürlichen, unveredelten Früchten finden sich alle Nährstoffe - Mineralien, Fette, Fruktose (Fruchtzucker) sowie Vitamine und andere Stoffe, die von der Wissenschaft noch gar nicht erfaßt sind, in perfekter Zusammenstellung und Harmonie. *Dr. Herbert Shelton*, einer der führenden Verfechter der Lehre von der »natürlichen Gesundheit«, weist in seinem Buch »Richtige Ernährung durch natürliche Nahrung« darauf hin, daß der Urmensch mit Bestimmtheit in die Klasse der Früchte-Esser und nicht in die Klasse der Grasfresser, Allesfresser, Fleisch- oder Körnerfresser gehört.

Auch in dem kürzlich erschienenen Buch »Affen - unsere wilde Verwandtschaft«, wird dies bestätigt. (Ich denke daran, wie wohl dem ersten Urmenschen zumute gewesen sein muß, als er sich - sicherlich aus Mangel an dem gewohnten Obst - dazu entschloß, das erste Mal ein Tier, das ihn bis jetzt immer als freundlichen Kameraden betrachtet hatte, umzubringen und zu verspeisen!) Über die Verwandtschaft zwischen Menschen und Affen hat dieses unglaublich spannende und mit hervorragenden Bildern ausgestattete Buch folgendes zu sagen:

»Es ist wahrscheinlich, daß sich zunächst der Gorilla von der Stammlinie abspaltete, während Schimpansen und Menschen noch ein gemeinsamer Zweig verband. Die Verwandtschaft zwischen Mensch und Schimpanse wäre dann näher als die zwischen Schimpanse und Gorilla. Hier steht der Forschung noch manche Überraschung ins Haus.«

Ein Autor bringt, um die These des Menschen als Früchte-Esser zu erhärten, noch ein Beispiel: Geben Sie einem kleinen Kind einen Apfel und es wird instinktiv hineinbeißen. Wer hat aber jemals ein Kind gesehen, welches sich beim Anblick eines Eichhörnchens oder Kaninchens sehnsüchtig die Lippen leckt? Die vegetarische Lebensweise spielt natürlich in allen Büchern, die hier angeführt sind, eine große Rolle. Fast alle Autoren sind Vegetarier. Die Argumente klingen auch logisch. Auch ich habe meinen Fleischkonsum drastisch eingeschränkt, wenn ich auch gelegentlich einmal Fleisch esse. Aber wer weiß, vielleicht werde ich einmal auch zum Voll-Vegetarier.

Leonardo da Vinci schrieb: *»Ich habe vom frühen Alter dem Fleischgenuß abgeschworen. Und es wird die Zeit kommen, wo Männer wie ich auf die Mörder der Tiere schauen werden, so wie wir heute auf die Mörder der Menschen blicken.«*

Der Gorilla, der dem Menschen physiologisch ähnelt, ist beinahe dreimal so groß wie ein Mensch, aber dreißigmal so stark. Der Gorilla ist reiner Pflanzenfresser (hauptsächlich Blätter)!

Vielfach wird behauptet, daß Fleisch für unseren »Eiweißhaushalt« unbedingt notwendig ist. Wir beziehen unser Eiweiß aber nicht direkt aus unserer Nahrung: Das Eiweiß muß zunächst in Aminosäuren umgewandelt werden, erst dann kann es der Organismus absorbieren.

Kein chemisches Produkt, auch nicht die sogenannten »natürlichen Vitamintabletten«, samt und sonders in chemischen Labors der uns alle dominierenden, mächtigen Pharmaindustrie hergestellt, kann der Kombination der

Nährstoffe, die sich im natürlichen Obst finden, auch nur im Entferntesten nahekommen. »Nature knows best« und wir sollten nicht versuchen, sie zu verbessern.

Diese 70% Obst und Gemüse, roh oder gekocht, also wasserhaltige Nahrung, die wir täglich zu uns nehmen müssen (und zwar nicht nur im ersten Monat), können am Anfang Probleme verursachen. In fast allen Fällen gibt sich das, sobald der Körper sich umgestellt hat.

Überlegen Sie doch einmal: da wird z.B. im Apfel ein bestimmtes Vitamin festgestellt. Nun wird dieses Vitamin unter großen Bemühungen und finanziellem Aufwand synthetisch hergestellt. Aber ist das das gleiche Vitamin wie im Apfel? Und wie viele andere Nährstoffe, die wir vielleicht gar nicht kennen und die die Natur für uns geschaffen hat, finden sich noch in dieser Frucht? Hat die Chemie je ein künstliches Samenkorn entwickelt, das dann auch keimt und sprießt? Nein!

Wassertrinken wird von manchen als notwendig bezeichnet. Zwei bis drei Liter pro Tag sind da »vorgeschrieben«! Nein! Trinken Sie, wenn Sie durstig sind, d.h. wenn der Körper nach Flüssigkeit verlangt. Seit ich viel Obst und Gemüse esse, habe ich nur noch ganz selten Durst.

Kochen - Der Tod jeder lebenden Nahrung

Lebendes Obst und Gemüse sollte am besten nicht gekocht, gebraten, gebacken oder überhaupt erhitzt werden (über 55°C). Durch Kochen werden die in der lebenden Nahrung enthaltenen Vitalstoffe zerstört: 85 Prozent der ursprünglich vorhandenen Nährstoffe gehen verloren. Wird ein Samenkorn der Kochhitze ausgesetzt, verliert es seine Keimkraft. Das bedeutet natürlich nicht, daß wir kein gekochtes Gemüse essen sollen, doch müssen wir uns im klaren sein, daß durch Kochen die wichtigsten Wirkstoffe zerstört wurden. Das Produkt ist dann »tot«.

In einer medizinischen Fachzeitschrift (American Journal of Orthodontics and Oral Surgery) schreibt *Dr. F. M. Pottenger, jr.*:

In einem über zehn Jahre laufendes Experiment wurden 900 Katzen auf verschiedene, genau überwachte Diäten gesetzt. Nur zwei Arten von Nahrungsmitteln wurden verwendet und entweder in rohem oder gekochtem Zustand gefüttert.

Die Ergebnisse waren über alle Maßen aufschlußreich und so überzeugend, daß es nicht mehr den geringsten Zweifel darüber geben kann, daß lebendige Nahrung gekochter Nahrung weit überlegen ist. Die Katzen, die mit lebendiger, roher Nahrung gefüttert wurden, bekamen Jahr für Jahr gesunde Kätzchen. Es gab keine Krankheiten, keinerlei gesundheitsschädliche Störungen, keine vorzeitigen Todesfälle. Sie starben an Altersschwäche. Diejenigen Katzen aber, die dieselbe Nahrung in gekochtem

Zustand erhalten hatten, litten alle an den Gebrechen moderner Zivilisation: Herzleiden, Krebs, Nieren- und Schilddrüsenerkrankungen, Lungenentzündung, Lähmungen, Zahnverlust, Arthritis, schwierige Geburten, mangelndes Sexualverlangen, Durchfall und Reizbarkeit in so hohem Maße, daß der Umgang mit ihnen gefährlich wurde; dazu Leberschäden und Knochenschwund: Knochen und Zähne wurden dünn und brüchig. Die Exkremente dieser Katzen waren derart toxisch, daß in damit gedüngter Erde nicht einmal mehr Wildkräuter wachsen wollten.

In einer anderen Versuchsreihe wurden Affen mit gekochter Menschennahrung gefüttert, mit dem Resultat, daß die Affen starben.

Besonders *Helmut Wandmaker*, von dem schon die Rede war, bricht immer wieder eine Lanze für rohes, ungekochtes Obst und Gemüse - **lebende Nahrung** im Gegensatz zu gekochter, »toter« Nahrung. Der Mensch ist das einzige Lebewesen, das kocht und damit bewußt zerstört!

Während eines Urlaubs im vergangenen Sommer hatte ich das Glück, bei Freunden die Bekanntschaft eines außergewöhnlichen Menschen zu machen: M. ist ein pensionierter indischer General. Drahtig, sportlich und überaus gesund wirkend. Mit 75 Jahren ist er noch ein hervorragender Polospieler, reist von Turnier zu Turnier und scheint - zu Recht - auf der ganzen Welt Freunde zu haben. M. fiel mir schon am ersten Tag dadurch auf, daß er sich sein eigenes Frühstück bereitete: Eine handvoll keimender Kichererbsen, 2 Feigen oder einen Apfel sowie - ebenfalls in kleinen, wohldosierten Mengen - Keimlinge aller Art. Nach einiger Zeit, als wir uns etwas angefreundet hatten, verriet mit M., daß er seit 12 Jahren an Krebs leide. Dies beunruhige ihn aber in keiner Weise, da er gelernt habe, mit dieser Krankheit fertig zu werden, sie im Zaum zu halten, ja, vielleicht ganz zu besiegen. Mit dieser Art der Ernährung (die anderen Mahlzeiten waren ähnlich, wenn auch nicht so spartanisch), so erklärte mir M., könne er die wuchernden Krebszellen gewissermaßen aushungern! Er selbst könne mit diesen Speisen gut leben (auf seinen abendlichen Whisky verzichtete M. übrigens nie). Die Sache mit dem Krebs kam mir damals doch etwas merkwürdig vor, zumal ich viele Verwandte und Freunde hatte, die an dieser furchtbaren Krankheit gestorben sind, trotz der verschiedensten Therapien, die in Europa und Amerika an ihnen vollführt wurden. Doch dann - einige Monate später - bekam ich das Buch »Rohkost - Unsere natürliche Nahrung« von *A.t. Hovannessian* in die Hand, und plötzlich nahm M.´s Geschichte neue Dimensionen an.

Von all den vielen Büchern über Ernährung, die ich in den letzten Jahren gelesen habe, hat dieses Werk wohl den stärksten Eindruck bei mir hinterlassen. (Es wurde erst 1992 in deutscher Sprache vom *Waldthausen Verlag* publiziert. Der englische Titel lautet »Raw Eating«.)

A.t. Hovannessian, - ein Perser, der im Jahre 1990, 92jährig in Teheran verstorben ist, muß ein ganz außergewöhnlicher Mensch gewesen sein. Mit 55 Jahren war er ein schwerkranker Mann. Er konnte kaum mehr Stufen steigen, litt an Atemnot, Herzbeklemmungen, Gicht, Sklerose, hohem Blutdruck und einer Reihe weiterer Leiden. Zu alledem verlor er noch zwei seiner drei Kinder aufgrund falscher medizinischer Behandlung, eines davon sogar in einem renommierten deutschen Spital. Durch *Dr. Bircher-Benner* aufmerksam gemacht, verschrieb sich *Hovannessian* total der Rohkosternährung , und siehe da: Alle Leiden verschwanden; nach einiger Zeit konnte er »wie eine Ziege Berge besteigen«, eine Strecke von 24 km ohne Ermüdungserscheinungen in 4 Stunden zurücklegen, schwere Koffer die Stufen hinauftragen usw. Sein letztes verbleibendes Kind, seine Tochter *Anahit*, wurde mit reiner Rohkost aufgezogen. Sie war niemals krank, litt nie unter Schlafstörungen, hatte keine der üblichen Kinderkrankheiten, niemals Fieber, Erkältungen oder Durchfall. *Hovannessian*, der scheinbar recht wohlhabend war, ließ seine Bücher ins Englische übersetzen (»Raw Eating«) und schickte 4.000 Exemplare an Regierungsmitglieder, öffentliche Stellen und Universitäten in aller Welt - auf eigene Kosten. Sein Ziel war es, die Menschheit davon zu überzeugen, daß gekochte Nahrung der falsche Weg ist. Der Erfolg war - wie man leider sieht - recht bescheiden. Obwohl *Hovannessian* Tausende von Dankschreiben erhielt, hat sich sein Wunsch bisher nicht erfüllt.

Ein vernünftiger Mensch, der eine stärkere Willenskraft hat als ich, dürfte nach der Lektüre dieses Buches eigentlich gar nichts Gekochtes mehr essen.

Der wohl bedeutendste Teil dieses Buches ist das Kapitel über die Ursachen des Krebses (und hier wurde ich an den eingangs erwähnten indischen General erinnert). *Hovannessians* Theorie: Der Mensch besteht aus zwei Arten von Zellen. Die gesunden Zellen, die durch den Verzehr von Obst, Salaten und Gemüse gebildet werden, und den unnützen Zellen, die von der Kochkost stammen. Diese »unnützen Zellen« haben im Körper keine Funktion, sie verfügen über keinen Abwehrmechanismus gegenüber Mikroben. Diese »Drohnen« unter den Zellen sind es, die den Schmerbauch, die Fettwülste und das Doppelkinn bilden. Diese Zellen, ohne Abwehrkräfte gegen Mikroben, sind ein gefundenes Fressen für den Krebs. Ein Krebskranker - so *Hovannessian* - kann seine Krankheit - sofern sie nicht im Endstadium ist - bekämpfen, indem er täglich 1/2 bis 1 kg frisches Obst zu sich nimmt. Dies ist genug, um ihn am Leben zu erhalten. Die »falschen Zellen« sterben langsam ab, neue, gesunde widerstandsfähige Zellen werden gebildet. *Hovannessian* führt eine ganze Reihe von Fällen an, die mit dieser Methode Erfolg hatten.

Der Leser möge mir die simplifizierte Beschreibung dieser Theorie verzeihen. Im Originaltext ist dies wesentlich anschaulicher und wissenschaftlich genauer zu lesen. Das Buch richtet sich auch an Mütter und werdende Mütter (*Hovannessian* verlor zwei seiner drei Kinder durch falsche medizinische Behandlung). Der Autor mahnt, daß Eltern, die sich selbst nicht von der Kochkost trennen können, diese wenigstens ihren Kindern ersparen, anstatt sie von Anfang an mit gekochter, toter Nahrung zu füttern. Nach der Muttermilch - und ausschließlich dieser - solle mit frischem Obst- und Gemüsesaft und -brei begonnen werden.

Die Trennkost

Nach der Phase 1, dem Obstessen vor Mittag, kommen wir nun zum Rest des Tages, d.h. dem Mittag- und Abendessen. Hier kommt die sogenannte Trennkost zur Anwendung, begründet von dem amerikanischen Arzt *Dr. Howard Hay*. Sie basiert auf dem Prinzip, daß Eiweiß (Fleisch, Fisch, Käse) nicht mit Kohlenhydraten (Getreide, Mehl, Brot, Nudeln, Reis, Kartoffeln) in derselben Mahlzeit gemischt werden darf. Kohlenhydrathaltige Speisen wie auch eiweißhaltige Speisen können jedoch mit neutralen Lebensmitteln wie Salat, Gemüse usw. gemischt werden. Die zu unserer Verdauung notwendigen Magensäfte können ihre Aufgabe nur dann richtig erfüllen, wenn die genossenen Speisen entweder eiweißhaltig oder aber kohlenhydrathaltig sind. Werden die beiden Gruppen gleichzeitig in einer Mahlzeit verzehrt, so neutralisieren sich Basen und Säuren der Magensäfte. Fäulnis und Gärung sind die Folge.

Einer der Ernährungsexperten schlägt zur Erhärtung dieser These folgendes Experiment vor: Nehmen Sie bei einer üppigen, gedankenlos zusammengestellten Mahlzeit einen großen Topf zur Hand und stellen Sie ihn vor sich auf den Tisch. Dann geben Sie Ihrem imaginären Gast dieselbe Portion wie Sie sie selbst zu sich nehmen: Suppe, Vorspeise, Fleisch, Beilage, Gemüse, Mehlspeise, dazu reichlich Bier und Wein. Dann rühren Sie alles sorgfältig um, Deckel drauf und 12 Stunden stehen lassen. So bekommen Sie eine plastische Vorstellung davon, wie es in Ihrem Magen aussieht (plastisch auch, was den Geruchssinn betrifft!). Ein Autor geht soweit, uns als »lebende Klärgruben« zu bezeichnen. Und er hat wahrscheinlich recht.

Die richtige Lebensmittelkombination* - Grundsatz der Trennkost - läßt sich einfach zusammenfassen: Konzentrierte Nahrung, d.h. alles außer Obst, Gemüse, Salate teilt sich in zwei Kategorien: Eiweiß und Kohlenhydrate. Der menschliche Organismus ist nicht dafür geschaffen, mehr als eine konzentrierte Nahrung gleichzeitig zu verdauen; wird er dazu gezwungen, so erfordert dies wieder wertvolle Energie (gerade jene Energie, die Sie beim Obstverzehr am Vormittag eingespart bzw. gewonnen haben). Beim Essen solcher gemischter Mahlzeiten - Schnitzel mit Reis, Gulasch mit Nudeln, Wurst und Brot - entstehen giftige Abfallprodukte (Eiweiß fault, Kohlenhydrate gären), die dann wieder abgebaut werden müssen. Der Magen wird über seine Grenzen beansprucht. Die gärende, faulende Nahrung, die stundenlang im Magen verblieben ist, wird nun dem Darm aufgezwungen. Sie schiebt sich durch den viele Meter langen Darmkanal. Wieder wird eine Menge Energie verbraucht. Nachdem Magen und Darm die Verarbeitung dieser Nahrung nicht schaffen, wird ein Teil »deponiert« (an den Darmwänden und in den Geweben). Folge: Verschlackung und Übergewicht.

In den USA wurden die Verweil- und Ausscheidungszeiten bei verschiedenen richtig und falsch kombinierten Mahlzeiten gemessen und der Stuhl analysiert. Dabei wurde festgestellt, daß im Gegensatz zu falsch kombinierten Mahlzeiten bei richtiger Kombination die Nahrung vollständig abgebaut, absorbiert und ihrer Bestimmung zugeführt wird.

Die Trennkost, auf einen einfachen Nenner gebracht, kann so zusammengefaßt werden:

*) Hierüber gibt es beim Waldthausen Verlag ein Schaubild, das man sich in der Küche an die Wand hängen kann.

1. **Kohlenhydrate**
   Vollkornbrot (möglichst toasten)
   Reis (möglichst Naturreis)
   Nudeln und Teigwaren, Kartoffeln

2. **Eiweiß**
   Fleisch, Wild
   Fische (frisch)
   Käse

Diese beiden Kategorien dürfen nicht gemischt werden, können aber mit Gemüse (Salat, Karotten, Rote Rüben, Spinat usw.) gegessen werden. Ausnahme: Hülsenfrüchte. Butter und Olivenöl sind ebenfalls erlaubt. Ich muß gestehen, daß ich die Tabelle etwas abgeändert habe. So sind in der Originalfassung der ersten Broschüre Nudeln und Spaghetti verboten (nur die dunklen Vollkornnudeln, die mir aber überhaupt nicht schmecken, werden toleriert).

Nun weiß jeder Leser der Regenbogenpresse, daß die inzwischen etwas älter gewordene *Sophia Loren* sich ihr immer noch fabelhaftes Aussehen durch eine ordentliche Portion Spaghetti, allabendlich genossen, erhalten hat. (Der Butler, Ehemann oder Freund, der mit Vollkornspaghetti aufkreuzen würde, flöge sicher in hohem Bogen heraus.)

Ich habe die Trennkost daher dahingehend vereinfacht, daß die eiweißhaltigen Speisen auf Fleisch Wild, Fisch und Käse, die Kohlenhydrate auf Vollkornbrot (wichtig = kein Weißbrot), Nudeln, Reis und Kartoffeln reduziert wurden. Neutrale Speisen sind Salate aller Art, Spinat und andere Gemüse, mit der Ausnahme von Hülsenfrüchten. Gemüse kann sowohl mit Eiweiß als auch mit Kohlenhydraten gemischt werden.

Wie schon gesagt, gehen beim Kochen die wertvollen Vitamine und Nährstoffe verloren. Aber wer will schon einen rohen Spinat oder eine rohe Kartoffel essen? Und schließlich haben wir mit dem rohen Obst und den verschiedenen Salaten genügend »Treibstoff« zu uns genommen.

Die eiweißhaltige Mahlzeit sollte möglichst zu Mittag, die Kohlenhydratmahlzeit am Abend eingenommen werden.

Ändern Sie Ihre Eßgewohnheiten

Obst am Vormittag, Trennkost zu Mittag und Abend. Das ist an sich relativ einfach. Die Trennkost läßt einem immer noch so viele Möglichkeiten offen, daß es wie ein Kinderspiel anmutet, sich daran zu halten. Manche »Hay-Anhänger« machen es sich häufig zu leicht, indem sie behaupten »*Trenne alles und du kannst beliebig essen*« (d.h. sündigen). Aber so einfach ist es nun auch wieder nicht. Sinn und Zweck des neuen Systems ist es, unsere Eßgewohnheiten von Grund auf zu ändern.

Wie eine fleißige Hausfrau ist die unendlich komplizierte Maschinerie unseres Körpers ständig darum bemüht, Ordnung zu schaffen, aufgetretene Störungen zu beseitigen, kurz das ganze System in Schuß zu halten. Haben Sie einmal beobachtet, wie schnell eine äußere Verletzung, ein Schnitt oder eine Abschürfung verheilen? Schon nach kurzer Zeit hört die Wunde auf zu bluten, es bildet sich eine

Kruste und schließlich heilt sie ganz und hinterläßt dabei nur geringe Spuren. All dies erfordert Energie. Unsere Aufgabe, ja unsere Pflicht ist es, unseren Körper nicht mit der unnützen Verarbeitung großer Mengen nutzloser Lebensmittel zu belasten, denn die Natur räumt der Verdauung immer Vorrang ein und andere wichtige Aufgaben, wie die Ausscheidung giftiger Stoffe und die Versorgung des Gehirns, werden so vernachlässigt. Es liegt nur an uns, durch eine richtige Ernährung unserem Körper die Möglichkeit zu geben sich jenen Aufgaben zu widmen, die unserem eigenen Wohlsein dienen.

Weniger essen

Wir essen viel mehr als wir tatsächlich brauchen. Wir essen zu schnell, zu gedankenlos und stopfen alles in uns hinein was uns vorgesetzt wird. Daher ist es notwendig, daß wir unsere Eßgewohnheiten von Grund auf ändern. *Hippokrates*, den die Ärztezunft als Vater der Medizin beansprucht, schrieb:

»Je mehr Nahrung du einem kranken Menschen gibst, desto mehr schadest du ihm, und deine Nahrung soll deine Arznei sein und deine Arznei deine Nahrung.«

Es ist erstaunlich, mit wieviel weniger Nahrung sich der Körper nach einer gewissen Zeit eines neuen Lebens zufrieden gibt. Die alten kranken Zellen sind durch neue, frische und gesunde ersetzt worden. Während die alten Zellen nach immer mehr »toter« Kost lechzten (Heißhunger), die dem Organismus so vertraut ist, ist man jetzt bereits nach kurzer Zeit satt. Beispiel: Wenn ich einmal - außertourlich - »normal«, also wie früher zu Mittag esse, kann ich das Abendessen - ohne Opfer - völlig streichen!

»Je weniger du benötigst, desto näher bist du den Göttern. - Sie benötigen nichts und sind daher unsterblich.«
Sokrates

Die Chinesen sagen: *»1/4 des Essens ist für den Körper, 3/4 für den Arzt!«*

Der erste Monat

Wenn Sie ernsthaft daran interessiert sind, meinen Weg »Eines Neuen Lebens« zu gehen, müssen Sie einen ganzen Monat investieren. Von den vielen Menschen, die meine erste Broschüre erhalten haben (oder Kopicn davon), haben nur jene einen echten Erfolg verzeichnen können, die diesen Monat ernst genommen haben. Im Hinblick auf die bei so vielen Menschen gemachten - schlechten - Erfahrungen, kann ich nicht deutlich genug auf die Bedeutung dieses ersten Monats hinweisen. Sie sollten diese 30 Tage wirklich mit großem Ernst angehen und sich immer bewußt sein, daß Ihr ganzes restliches Leben auf das tiefste und positivste durch diese »Opferhandlung« beeinflußt werden wird. Dieser Ernst sollte so weit gehen, daß man sich sagt: *»Ein Fehler, und die Welt bricht zusammen!«* Ohne auch nur die kleinste Ausnahme (ein Keks hier, ein Gläschen da, ein schneller Griff in den offenen Eiskasten). Umwege gibt es nicht! Es ist dies der erste Schritt zur Stärkung des Willens, der - wie Sie im zweiten Teil des Buches sehen werden - wie ein gut trainierter Muskel wachsen wird! Ein Monat ist so schnell vorbei, und die Selbstdisziplin lohnt sich, vor allem wenn Sie an all das denken, was Sie nachher erwartet und was in diesem Buch beschrieben wird.

Ihr Programm für den ersten Monat:

Frühstück: Obst, soviel Sie wollen - Äpfel, Birnen, Kirschen, Erdbeeren, Ananas, Melonen, Kiwis, Orangen, Grapefruit. usw. Ausnahmen: Preiselbeeren, Datteln, Feigen... Falls Sie abnehmen wollen - KEINE Bananen! - Sie können das Obst entweder roh essen oder aber sich einen appetitlichen Obstsalat zubereiten (über einige Obsttricks erzähle ich Ihnen später). Am besten: nur eine Sorte Obst pro Mahlzeit.

Dazu frischgepreßter Karottensaft oder einen anderen Gemüsesaft oder Orangen- oder Grapefruitsaft (Karottensaft ist jedoch mit Abstand das Beste).

Früchtetee, Pfefferminz-, Kamillentee ungezuckert usw. kann auch getrunken werden.

Vormittag: Dasselbe wie zum Frühstück immer dann, wenn Sie Hunger oder Durst haben.

Mittag: Frischer Salat (Blattsalat, Eissalat, Gurkensalat, Tomatensalat oder ein Gemisch - angerichtet mit etwas Olivenöl und Zitrone, Gewürzen aller Art und - falls gewünscht - Zwiebeln). Um die Sache etwas schmackhafter und abwechslungsreicher zu machen, können in den Salat noch 50 Gramm (aber nicht mehr!) Rindfleisch,Käse Ihrer Wahl eingebracht werden. - Dazu mineralarmes Wasser oder klares gereinigtes Wasser (durch Destillation oder Umkehrosmose*). Nehmen Sie sich, wenn Sie können,

*) Informationen über die Zubereitung von reinem Wasser erhalten Sie auf Anfrage beim Fit fürs Leben Informationsdienst, Postfach 1261, 27718 Ritterhude.

viel Zeit zum Essen, und kauen Sie jeden Bissen gründlich. Ich habe festgestellt, daß schlecht gekauter Salat zu starken Blähungen führt.

Nachmittag: Frisches Obst oder Obstsalat, frischgepreßten Karottensaft, Gemüsesaft oder frischgepreßten Orangensaft.

Abend: Ein Kohlenhydratgericht: Nudeln, Spaghetti, Kartoffeln, Reis, mit frischem Salat oder einem anderen Gemüse. (Portionen vorher vorbereiten und mit Vernunft dosieren.) Mineralarmes Wasser oder reines Wasser. Kein Fleisch, kein Obst, kein Alkohol, kein Kaffee (keine Angst, nach dem ersten Monat wird das alles viel erfreulicher). Abendessen möglichst vor 20 Uhr essen.

Das Obst, in der Früh gegessen, trägt auch zum morgendlichen Stuhlgang bei.

Bei dem Programm ist es wichtig, daß etwa 70% der täglichen Nahrung aus frischem Obst und/oder Salaten/Gemüse bestehen! Das Obstessen ist ein Muß. So oft habe ich von Menschen, die das »Neue Leben« begonnen haben, gehört: *»Ich esse lieber bis Mittag gar nichts, denn das Obst schmeckt mir nicht. «* Das Obst ist der Treibstoff, das Lebenselixier, das wir brauchen, wenn all die segensreichen Folgen, über die wir sprechen, eintreten sollen.

Weiter: Legen Sie einmal in der Woche einen totalen Obsttag ein, wobei Sie zu jeder Mahlzeit nur eine Sorte Obst wählen. Wenn Sie am Abnehmen besonders interessiert sind, machen Sie einen Melonentag, denn Melonen passieren Magen und Darm schneller als irgendein anderes Obst!

Zeitabstände zwischen den Mahlzeiten beachten!

Hier müssen noch die Intervalle nach den einzelnen Mahlzeiten angeführt werden, die auch für die Zeit nach dem ersten Monat Gültigkeit haben:

1. Zwischen Obst und der nächsten Mahlzeit immer eine halbe Stunde Pause einlegen.

2. Nach Salat oder rohem Gemüse 2 Stunden Pause einlegen, bevor eine weitere Mahlzeit oder Obst gegessen wird.

3. Nach richtig kombinierter Mahlzeit ohne Fleisch: 3 Stunden.

4. Nach richtig kombinierter Mahlzeit mit Fleisch: mindestens 4 Stunden.

5. Nach falsch kombinierter Mahlzeit: ca. 8 Stunden.

So, das ist das ganze Programm für den ersten Monat. Dieses muß eingehalten werden (ähnlich wie im Kindermärchen der Reisberg durchfressen werden muß, um ins Schlaraffenland zu gelangen).

Ich habe in der letzten Zeit immer wieder Anrufe von Broschürenempfängern bekommen mit Fragen wie »*Aber, wenn ich xxx essen kann, so könnte ich ja ebenso yyy essen und dies mit etwas zzz garnieren.*« Nein! Aus einem Obstsalat wird dann eine Cointreau-Fruchtspeise mit gebranntem Zucker und aus einem Salat ein schwedisches Smørgasbrød. Für einen vernünftig denkenden Menschen mag dieser Zwang vielleicht absurd klingen, aber so haben Sie die Gewähr, daß Sie keinen selbstverschuldeten Fehler machen können. Diese »unerbittliche Strenge« gilt aber nur für den ersten Monat!

Wie kann ich den ersten Monat meistern?

Die beste Methode, den ersten Monat zu überdauern, ist der Besuch einer der vielen Kuranstalten, Biohotels oder ähnlichen Institutionen mit Schwimm- und Gymnastikmöglichkeiten, mit schönen Spaziergängen, abseits von jeglichem Streß, einem Ort also, an dem Sie sich einerseits entspannen, andererseits auf die neue Ernährungsart konzentrieren können .* Ein Problem dabei - das Sie selbst lösen müssen - ist, daß Sie die Kurleitung von Ihrer neuen Ernährung überzeugen müssen. Die meisten Anstalten haben nämlich ihren eigenen Ernährungsplan, der sich von unserem oft stark unterscheidet. Findet sich keine solche Anstalt, so tut's auch eine gute Landpension, wo das auf den Tisch kommt, was Sie anschaffen! Am leichtesten tun Sie sich zu zweit oder in einer Gruppe von Gleichgesinnten. Die mit monotoner Regelmäßigkeit geführten Gespräche über die »Kur« - obgleich man nur den ersten Monat als solche bezeichnen kann - wirken - wenn es auch pervers klingen mag - richtig anregend! So war das auch bei mir: Als ich zu Anfang meines neuen Lebens eine solche Kuranstalt besuchte, hatte ich nur meine zu engen Hosen und sonstigen unangenehmen Wölbungen im Sinn. Geläuterter Geist und Seele - unter dem ich mir nichts vorstellen konnte - waren mir ziemlich egal! Sehe ich mir heute (zwei Jahre später) mein Leben an, so spielt das Gewicht

* Hinweise erhalten Sie auf Anfrage beim Fit fürs Leben Informationsdienst, Postfach 1261, 27718 Ritterhude.

überhaupt keine Rolle mehr, verglichen mit den herrlichen Veränderungen in meinem sonstigen Dasein.

Als Folge unserer Sozialgesetzgebung machen Abertausende auf Kosten der Krankenkassen jährlich eine Kur. Ob diese unumgänglich notwendig ist, steht auf einem anderen Blatt. Jedenfalls wäre es anzuraten, daß diese Menschen die Kur als Anfang »eines Neuen Lebens« betrachten und die Kurkost - die das genaue Gegenteil der hier empfohlenen Ernährung darstellt - ablehnen würden.

Natürlich können Sie diesen ersten Monat auch zu Hause durchführen (die meisten haben es so gemacht), aber die Ablenkung ist hier doch um einiges stärker.

Nun noch einige weitere Ratschläge und Tips, wie Sie diesen Monat am leichtesten und wirksamsten überstehen können.

Ich beschränke mich hier lediglich auf jene Punkte, die mit Gewicht, Essen und Eßgewohnheiten zu tun haben, sowie auf die gesteigerte Energie. Alles andere - und wesentlich wichtigere - kommt später.

Gewichtsverlust

Um Gewichtsverlust ging es den meisten, die sich auf »ein Neues Leben« einließen. Ohne eine einzige Ausnahme wurden bei Übergewichtigen nach diesem ersten Monat Gewichtsverluste verzeichnet und zwar zwischen 3 und 12 und mehr kg. Später kamen meist weitere Gewichtsverluste hinzu. (Bei mir waren es im ersten Monat 9 kg, später kamen noch 7 kg hinzu, also insgesamt

16 kg. Bei diesem Gewicht halte ich mich jetzt seit mehr als einem Jahr.) Stellen Sie sich nur vor: nie mehr zunehmen, nie mehr neue Sachen kaufen müssen, weil die alten nicht mehr passen (im Gegenteil, zu klein gewordene Kleider können wieder hervorgeholt und angezogen werden). Bei meiner Frau waren es 6 kg in 8 Wochen! Zu diesen kamen in den nächsten 3 Monaten noch weitere 4 kg, also 10 kg! Nach Abschluß dieser fabelhaften Metamorphose ging es zum Kleiderschrank: Kleider, Röcke, Hosen, Blusen, die vor Jahren verbannt wurden, nicht weil sie zu alt waren, sondern einfach weil die Besitzerin nicht mehr hineinpaßte, wurden wieder herausgefischt und - oh, Wunder - sie paßten! Ein zweites Weihnachten mitten im Sommer und das vollkommen kostenlos!

Ein bekannter österreichischer Autor meinte einmal, als man ihn fragte, was sein größter Wunsch wäre: *»Ich möchte an einem gut gedeckten Tisch sitzen und ununterbrochen essen, während meine Feinde hinter mir für mich verdauen.«* Leider ist ein solches System noch nicht erfunden, sonst wäre dieses Buch überflüssig.

Denken Sie einmal nach: Nie mehr über Ihr Gewicht nachdenken müssen, kein schlechtes Gewissen mehr, keine Sorge mit der nächsten Kur mehr. VORBEI! Und das auf ewig!

Energie
Schlüssel zu einem aktiven Leben

Ich habe schon früher über das Obst und seine segensreiche Wirkung gesprochen. Da das Obst fast keine Verdauungsenergie verbraucht, steht diese eingesparte Energie für andere Zwecke zur Verfügung, etwa zum Abbau von Giftstoffen und Schlacken im Körper sowie zur Versorgung des Gehirns.

Am schwierigsten ist es für mich, andere zur Aufgabe des konventionellen Frühstücks (Kaffee, Buttersemmel, Ei, Marmelade, Schinken usw.) zu bringen. Viele Menschen haben die - vorgefaßte - Meinung, daß sie es einfach nicht über sich bringen, morgens nur Obst zu essen. Nun hat aber kein Mensch von Natur aus eine Allergie gegen alle Obstarten (vielleicht gegen die eine oder andere Sorte wie Erdbeeren). Wir haben früher schon gelesen, daß der Mensch, der von Natur her ein Früchte-Esser ist, nur durch äußere Umstände - d.h. durch das Fehlen von Obst - zu anderer Nahrung, etwa Fleisch, umgewechselt hat. Ich habe auch sonst niemanden getroffen, der, wenn er sich wirklich bemüht hat, in der Früh Obst zu essen, dies nicht geschafft hätte (meine Frau, die früher eine richtige Aversion gegen Obst am Morgen hatte, ist inzwischen beinahe süchtig darauf).

Menschen, die sich nach der ersten Phase - Abnehmen und Erreichen des Idealgewichts - über ihr Aussehen und ihre Figur richtig erfreuen möchten, sollten sich vor Beginn eines neuen Lebens fotografieren lassen (oder, falls sie sich ihrer diversen Wölbungen schämen sollten, den

Selbstauslöser benützen). Wenn ich mir mein Bild - mit 16 Kilo mehr - heute ansehen, ist es mir ein Rätsel, wie ich damals überhaupt existieren konnte. (Stellen Sie sich einmal vor, ständig einen 16 kg schweren Koffer mit sich herumzutragen.)

Ein weiteres Prinzip: Nur essen, wenn man Hunger hat!

Einige Obsttips

Das Obst und die mannigfaltigen Formen und Arten es zuzubereiten, verdient noch einige Erklärungen.

Obst, Dörrobst, heißes Obst

In unserer Wohlstandsgesellschaft steht während und auch außerhalb der Saison fast jede Obstart in unbeschränkten Mengen zur Verfügung. Mich zieht es heute beim Eintreten in einen Supermarkt magnetisch zu der Obstabteilung hin. Meist fällt einem die Wahl schwer, so groß ist das Angebot: Äpfel, Birnen, Orangen, Kiwis, Trauben, Melonen, alles natürlich in den herrlichsten Farben und Formen. Vergleichen Sie einmal dieses Obstsortiment mit irgendeiner anderen Abteilung des Ladens. Merkt man da nicht rein instinktmäßig, daß Obst und auch Gemüse unsere natürliche Nahrung ist, Nahrung, die für uns geschaffen wurde? Irgend jemand hat gesagt: *»Wenn es den Garten Eden gegeben hat, dann war es sicher ein Obstgarten.«* Nun ist es aber so, daß mit einem Apfel oder einer Birne kein großes Geld verdient werden kann. Daher ist frisches Obst und frisches Gemüse für die Lebensmittelindustrie uninteressant, oder haben Sie schon einmal in der Fernsehwerbung einen saftigen Salatkopf, eine Karotte oder Kirschen gesehen?

Obst gibt es in vielen Formen. Bei meinen häufigen Reisen in die Ostländer - wo frisches Obst rar ist - nehme ich Dörrobst - Zwetschgen, Marillen, Apfelringe mit. Diese weiche ich am Abend vorher in Wasser ein und habe so ein köstliches Frühstück. Durch das Aufweichen nimmt das Obst Wasser auf und sättigt so viel besser als im trockenen Zustand.

Manche Menschen können sich nur schwer daran gewöhnen, in der Früh nichts Heißes zu sich zu nehmen. Eine Lösung: Tiefkühlobst - bei uns gibt es Erdbeeren, Himbeeren, Heidelbeeren und den »gemischten Beerenteller« - aufwärmen. Etwas Zitrone darauf und fertig ist ein exzellentes warmes Frühstück. (Bis vor kurzem verwendete ich zum Aufwärmen den Mikrowellen-Herd. Dann erfuhr ich, daß durch die Mikrowelle die Zellen von Obst und Gemüse buchstäblich zerrieben werden, viel schlimmer als bei stundenlangem Kochen. Seither ist der Mikrowellen-Herd für mich tabu.)

Ein weiteres, sehr schmackhaftes Frühstücksgetränk, welches ich in Spanien kennengelernt habe und nunmehr täglich zu mir nehme, ist heißes Wasser mit frisch gepreßtem Zitronensaft, gesüßt mit einem Löffel (kaltgeschleuderten) Honig. Das ist besonders für die »ohne Morgenkaffee bin ich kein Mensch«-Typen eine Hilfe!

Im Auto führe ich - außer Dörrobst - fast immer ein paar frische Äpfel, Birnen oder Kiwis mit mir. Bin ich irgendwo zum Essen eingeladen, nehme ich - eine halbe Stunde vor der Mahlzeit - einen oder zwei Äpfel zu mir. Der ärgste Hunger ist dann verschwunden und man kommt mit ein paar Höflichkeitsbissen - der Hausfrau zuliebe - leicht aus. Wichtig ist wiederum, daß zwischen dem Obst und der eigentlichen Mahlzeit mindestens eine halbe Stunde verstreicht. Statt dem Obst können auch grüne Paprika, Selleriestauden oder Karotten gegessen werden.

Ein hervorragendes Hilfsmittel zur einfachen und schnellen Zubereitung von Gemüse und Obstsalat ist der sogenannte »Küchen-Helfer« *, ein mechanisches Gerät; durch manuelles Drehen einer Kurbel wird das Füllgut des Behälters in Sekundenschnelle zerhackt.

Melonen

Kein Obst passiert den Magen so schnell wie Melonen (Zuckermelonen oder Wassermelonen). Für solche, die auf schnelles Abnehmen besonderen Wert legen, steht die Melone daher besonders hoch im Kurs. Ein bißchen Zitronensaft darübergeträufelt hilft. Kein anderes Obst vorher essen, da dies die »Talfahrt der Melone« bremsen würde!

Fruchteis

Im Sommer esse ich gern eine große Portion Fruchteis. Das gereinigte Obst: Erdbeeren, Kirschen, Kiwis, Bananen usw. im Plastikbeutel über Nacht im Tiefkühlfach einfrieren, etwas auftauen und mit einem Mixstab zu Püree herrichten. Etwas Zitrone dazu, fertig! (Das ist aber auch das einzige Rezept, das ich hier niederschreibe!)

Karotten und Karottensaft

Viele Autoren der verschiedenen Bücher, die ich gelesen habe, sind sich darüber einig, daß die Karotte und deren Saft zu den gesündesten und nützlichsten Lebensmitteln

* Lieferhinweise erhalten Sie beim Fit fürs Leben Informationsdienst, Postfach 1261, 27718 Ritterhude.

überhaupt gehört. *Dr. Norman Walker*, jener legendäre amerikanische Arzt, der dank der von ihm propagierten und von ihm selbst praktizierten Lebensweise 116 Jahre alt wurde, kommt bei dem Thema Karottensaft direkt ins Schwärmen. Als junger kranker Mensch kam er durch Zufall an frischen Karottensaft und trank große Mengen dieses Produktes. Nach acht Wochen war er völlig geheilt und schreibt diesen Erfolg dem Karottensaft zu. Ich habe mich in der Zwischenzeit auch an dieses Getränk gewöhnt und trinke täglich etwa 1/2 Liter davon (ganz frisch in einer Saftpresse zubereitet mit etwas Zitronensaft). Ein Nebeneffekt, der mich sehr überrascht: meine Gesichtsfarbe erinnert an einen eben zurückgekehrten Bahama-Urlauber. Ich wurde daher am Anfang von meinen Freunden ständig gehänselt, daß ich den Großteil meiner Zeit im Solarium verbringe. Dann las ich in einem anderen Buch, daß der reichliche Genuß von Karotten und Kirschsaft die Gesichtsfarbe beeinflußt. Für einige Zeitgenossen ist das sicher ein Zusatzmotiv, sich diesem Getränk zu verschreiben und sich so die Reisekosten in den Süden zu ersparen!

Gottlob gibt es heute immer mehr Lokale, Reformhäuser, Obst- und Gemüsegeschäfte, die frischgepreßte Säfte führen. Ich habe es mir zur Gewohnheit gemacht, wenn möglich dort einzukehren und ein Gläschen zu kippen!

Noch etwas über den legendären *Dr. Walker*. Nachdem er 70 Jahre alt geworden war, erwähnte *Dr. Walker* sein Alter nicht mehr. Er meinte - und ich finde, mit Recht -, daß der geistige und körperliche Zustand und nicht die Kalenderjahre das Alter bestimmen.

Sehen Sie sich doch selbst einmal in Ihrem Freundes- und Bekanntenkreis um; kennen Sie nicht auch 50jährige

Greise und 70jährige Jugendliche? Wenn man sich die Fotos der Autoren *Bragg, Diamond, Walker, Shelton, Fry* usw. ansieht, so sind diese Bilder das beste Zeugnis für die Richtigkeit der Lebensweise, die sie predigen. Jeder Mensch ist für sein Aussehen weitgehend selbst verantwortlich. Es ist merkwürdig, daß der größte Teil der Autoren, die ich hier erwähne und zitiere, und die mir den größten Eindruck gemacht haben, aus Amerika stammen. Auch der mehrfach erwähnte *Helmut Wandmaker*, der die deutschen Übersetzungen dieser Bücher erst möglich machte, ist derselben Meinung.

Zucker und Süßigkeiten

Zucker, Schokolade und jede Art von Süßigkeiten sind abzulehnen. Aber: Keine Angst! Früher habe ich immer gern genascht. Ein Stück Schokolade hier, ein oder viele Gummibärli da (im Kino). Wenn bei irgendeiner Einladung eine volle Bonbonniere herumstand, konnte ich nicht nein sagen, bevor das letzte Stück weggeputzt war. Heute ist das anders: Durch den Fruchtzucker, der im Obst reichlich vorhanden ist, wird die Lust nach Süßem weitgehend gedämpft. Ein Löffel kaltgeschleuderter Honig (also nicht hitze-vorbehandelter) ist ein gutes Mittel für all jene, die trotzdem gern etwas Süßes essen. (Honig besteht aus von den Bienen vorverdauten Kohlenhydraten, enthält aber doch viel Zucker. Daher: Maß halten.)

Vor jeder Mahlzeit Menge bestimmen

Wenn Sie ein Essen (für sich selbst) zubereiten oder zubereiten lassen, denken Sie vorher gut über Zusammenstellung, vor allem aber über die Menge nach. Ist man sehr hungrig, neigt man dazu, eine zu große Portion vorzubereiten, mit dem Resultat, daß man dann, auch wenn man keinen richtigen Hunger mehr hat, alles auf ißt. *(»Was auf dem Teller ist, muß aufgegessen werden.«)* Daher: Lieber weniger und eventuell nachher noch einmal, als zu große Portionen.

Noch ein Weg, wie man Magen und Hirn »austricksen« kann: Wenn Sie Ihre Mahlzeit begonnen haben, unterbrechen Sie nach fünf bis zehn Minuten, auch wenn Ihr Hunger noch so groß ist. Nach weiteren 15-20 Minuten essen Sie weiter. Sie werden sehen, der Hunger ist wesentlich kleiner geworden. Das Signal Magen an Gehirn - *»jetzt bin ich satt«* - dauert eben auch seine Zeit. Sicher ist es Ihnen auch schon passiert, daß Sie während eines Essens durch ein lästiges Telefongespräch gestört werden. Kehren Sie dann wieder an Ihren Platz zurück, ist der Hunger fort. Am Anfang des neuen Lebens habe ich, sofern möglich, das Abendessen stets 10 Minuten vor der »Zeit im Bild« (»Tagesschau«) begonnen und dann unterbrochen, um mich vor den Fernseher zu setzen; nachher hatte ich dann häufig gar keine Lust mehr, fertig zu essen.

Tolstoi: »Lieber geht der Mensch zugrunde, als daß er seine Gewohnheiten ändert!«

Langsam essen, gut kauen

Gutes und sorgfältiges Kauen ist ein wichtiger Punkt. Die Verdauung beginnt im Mund. Ptyalin, ein im Speichel enthaltener Wirkstoff, tut hier seine erste Arbeit. *Dr. Mayr* (Erfinder der berühmten Mayr-Kur) legte ganz besonderen Wert aufs Kauen. (Gut gekaut ist halb verdaut!) Durch das richtige Einspeicheln werden die Speicheldrüsen, die bei vielen Menschen verkümmert sind, geübt und aufgebaut. Durch gründliches Kauen wird außerdem die Gesamtoberfläche der Speisen vergrößert und der Sättigungseffekt tritt viel früher ein. *Dr. Mayr* empfiehlt, jeden Bissen 50mal vorzukauen.

Die im Volksmund als Mayr-Semmelkur bezeichnete Therapie erweckt den Anschein, als würde der Schwerpunkt auf dem Essen der Semmel liegen. Das ist nicht der Fall. Vielmehr soll dem Kurteilnehmer das richtige Kauen beigebracht werden. Die - nicht mehr ganz frische - »Kursemmel« eignet sich hervorragend dazu, lange gekaut zu werden. Der Genuß beim Essen endet mit dem Moment, wo die Speise den Mund verläßt. Es liegt daher im Interesse des »Genießers«, daß Essen nicht gierig herunterzuschlingen, sondern möglichst lange zu kauen.

Paradebeispiel für das richtige Kauen ist ein Amerikaner, *Horace Fletcher* (Fletcherismus). Mit 40 Jahren arbeitsunfähig und vergreist, begann er, alle Speisen so konzentriert zu kauen, daß diese nur verflüssigt in den Magen gelangten. Resultat: Nach 5 Monaten eiserner Kaudisziplin waren alle Beschwerden verschwunden, ja, mit 50 und 60 Jahren stellte er noch Kraft und Dauerleistungsrekorde auf. Er kaute jede Mahlzeit 2.500mal. Wenn dies auch nicht zur Nachahmung empfohlen wird, ist es doch eine Tatsache, daß gutes Kauen und Einspeicheln sehr zur Entlastung des Verdauungsapparates beiträgt.

An dieser Stelle möchte ich Ihnen einen - leider nicht besonders appetitlichen - Trick verraten, den ich mir selbst ausgedacht habe. An den Fastentagen (siehe später) bekommt man häufig einen schalen, unangenehmen Geschmack im Mund. Da nehme ich ein Stück harten Parmesan - es kann aber auch ein Stück Bündnerfleisch, Salami oder auch ein Stück hartes Brot sein - und kaue dieses - ohne zu schlucken - so lange, bis jeder Geschmack verschwunden ist. Dann spucke ich das ganze wieder aus. Man hat nachher das Gefühl, man hätte richtig gegessen. Es ist ja so, daß mit dem Herunterschlucken der Eßgenuß zu Ende ist. (Schließlich spucken - wenn auch aus anderen Gründen - die Weinverkoster ebenfalls die Proben aus, bevor sie zu einer neuen Sorte greifen!) Die Kau- und Spuckmethode ist selbstverständlich nur in größter Abgeschiedenheit zu empfehlen!

Idealgewicht

Ein Wort zum Idealgewicht: Nach der herkömmlichen Methode wurde dieses wie folgt berechnet: Körpermaße in cm minus 100 minus 10%. Also bei einer Größe von 180 cm = 80 kg minus 10% = Idealgewicht 72 kg. Laut den Erkenntnissen vieler Wissenschaftler ist dieser Schlüssel nicht mehr zutreffend. Körperbau, Knochengewicht und andere Faktoren können zu erheblichen Abweichungen - nach oben - führen.

Bei mehrmonatiger Befolgung meiner Regeln für ein neues Leben wird man sich automatisch auf das Idealgewicht einpendeln und dieses dann auch halten. Dies wurde mir von vielen Menschen, die das Programm befolgten, bestätigt. Es ist dabei interessant festzustellen, daß in einigen Fällen bei untergewichtigen Personen zunächst ein Gewichtsverlust festzustellen war, später aber Gewicht zugelegt wurde, bis schließlich ein Idealgewicht erreicht wurde, das über der Ausgangszahl lag. Mein eigenes Idealgewicht ist mir inzwischen so selbstverständlich geworden, daß ich die Waage gar nicht mehr brauche. Wenn ich einmal »gesündigt« habe - was häufig vorkommt -, so weiß ich das genau und halte mich dann so lange zurück, bis ich wieder auf gleich bin. Bei den Fastentagen (siehe später) nehme ich wohl einiges ab, doch dieses Gewicht ist sofort wieder da, sobald ich normal (also nicht übermäßig) esse. Mein »Idealgewicht« liegt acht kg über dem »Schlüsselwert« (Größe in cm minus 100 - 10%). Dieses Schlüsselgewicht könnte ich niemals - auch bei strengstem Fasten - erreichen. Genauso wie ein Rennpferd und ein gleich großer Ackergaul nicht dasselbe Gewicht haben - obwohl beides Pferde sind -, ist es auch bei den Menschen verschieden.

Gesellschaftliche Verpflichtungen und Restaurants

Neben dem Argument *»Ohne mein ordentliches Frühstück kann ich nicht existieren«*, rangiert *»Ich habe ja so viele gesellschaftliche Verpflichtungen und Einladungen«* gleich an zweiter Stelle. Das sollte wirklich keine Ausrede sein. Keine Hausfrau wird es heute übel nehmen, wenn man, hat man sich (wohlgemerkt, nach dem ersten Monat) für eine Kohlenhydratmahlzeit entschieden, das Fleisch wegläßt und eben nur mäßig von den Kartoffeln oder dem Reis nimmt. Dazu Gemüse. (Oder umgekehrt, bei der Eiweißmahlzeit auf Nudeln oder Knödel verzichtet.) Auch wenn man zu den Mahlzeiten kein Brot ißt (eine der Hauptsünden!) stört das sicher niemanden. Bei der Nachspeise schließlich genügt ein symbolischer kleiner Bissen.

Im Restaurant ist es noch leichter. Auf jeder Speisekarte gibt es viele mögliche Kombinationen, die den Prinzipien der Trennkost (Eiweiß und Kohlenhydrate dürfen nicht in derselben Mahlzeit gemischt werden) entsprechen. Ich bekomme immer wieder Anrufe - oft zu den unmöglichsten Tageszeiten -, in denen mich verwirrte »Jünger« fragen, ob beispielsweise *»nach deiner Diät ein Käsesoufflée mit kleinen Schinkenstücken erlaubt ist oder nicht«*. Ich bin recht kritisch gegenüber dem Begriff »Deine Diät«. Von Anfang an habe ich betont, daß es sich hier nicht um eine Diät, sondern um eine vernünftige neue Art der Ernährung handelt. Auch stammt diese nicht von mir, sondern es ist ein Konglomerat aus Gelesenem, Gehörtem und eigener Erfahrung. Weil wir schon von Restaurants sprechen, ich muß an dieser Stelle die Rosenberger Kette (Autobahn-

Rast-Stationen und Restaurants) erwähnen. Diese Etablissements, vor allem aber das neue Wiener Restaurant (gleich hinter dem Hotel Sacher) sind für mich wirklich der Traum eines neuen Lebens. Ein Selbstbedienungsrestaurant, in dem alle in diesem Buch erwähnten Köstlichkeiten, frisches Obst, Obstsalat, Salate aller Art und Frucht- und Gemüsesäfte angeboten werden, und das zu sehr vernünftigen Preisen. Das Hervorstechende bei dem System ist jedoch die optisch ansprechende Art, in der Obst und Gemüse auf großen Regalen präsentiert werden! - Das ist keine bezahlte Werbung. Ich habe nie auch nur einen Gratis-Äpfel erhalten und bin mit den Besitzern weder verwandt noch bekannt.

Energie

Wenn Sie den schicksalsträchtigen ersten Monat glücklich überstanden haben, so werden Sie, sofern Sie die Regeln eingehalten haben, ein neues Lebensgefühl verspüren. Neben dem Gewichtsverlust - sofern Sie einen solchen angestrebt haben - werden Sie sich frischer und jünger fühlen. Sie werden in der Früh nicht mehr müde oder zerschlagen sein. Die Gründe: Jene 80%, der dem Menschen zur Verfügung stehenden Energie, die bisher für die Verdauung der Nahrung aufgewendet wurden, stehen jetzt für andere Zwecke »Gewehr bei Fuß«. Was war geschehen während dieses ersten Monats? Der Magen hatte sich daran gewöhnt, mit weniger Nahrung vorlieb zu nehmen. Durch das häufige Obstessen (zwischendurch) wird das Hungergefühl reduziert. Man wird einfach eher satt. Ein Beispiel:

Eine meiner Lieblingsspeisen ist Sashimi, eine japanische Fischspezialität, garniert mit allen möglichen Algen und Seepflanzen. Früher bedurfte es einer großen und einer kleinen Portion, um mich ganz glücklich und satt zu machen. Heute bin ich nach einer kleinen Portion, ganz langsam gegessen und gut gekaut, schon völlig zufrieden. Der erfreuliche Nebeneffekt dabei: die Brieftasche wird geschont!

Nicht zu unterschätzen ist bei dieser Art des Essens auch die Zeitersparnis für die Hausfrau (von der Geldbörse gar nicht zu reden). Der Eiskasten sieht heute bei uns eher aus wie der Stall einer - wohlhabenden - Karnickelfamilie: stets Karotten und Selleriestangen, Salatköpfe, Gurken, grüne und rote Paprika, Karotten- und Orangensaft sollten unmittelbar vor dem Trinken gepreßt werden. Zusätzlich noch jede Menge Obst. Das Fehlen von Käse, Wurst und Schinken verringert automatisch die Sehnsucht nach diesen »Leckerbissen«.

Keine Angst vor Rückfällen

Es kommt häufig vor, daß nach einigen Tagen des »Neuen Lebens« Rückfälle auftreten. Man fühlt sich elend, hat Depressionen, Verstopfung usw.

Prof. Ehret (1866-1922), einer der großen Ernährungspioniere, teilt die Lebensmittel in schleimfreie und schleimbildende Produkte ein. Schleimfrei sind nur frisches Obst, Salate und frisches Gemüse. Schleimbildend sind alle anderen modernen Nahrungsmittel. Diese führen zur Ablagerung von Stoffwechselrückständen im Körper, die wiederum alle möglichen Krankheiten zur Folge haben. Die häufigste: Rückenschmerzen aufgrund von Ablagerungen zwischen den Rückenwirbeln. (Sie erinnern sich: Das Verschwinden solcher Rückenschmerzen wurde mir öfters von Praktikanten eines neuen Lebens berichtet.) Frisches Obst und Gemüse tragen dazu bei, giftige Rückstände und Ablagerungen zu beseitigen.

In seinem Buch mit dem nicht unbedingt aufregenden Titel »Die schleimfreie Heilkost« (der Inhalt ist umso faszinierender), warnt *Ehret* ausdrücklich davor, bei derartigen Rückfällen zum alten, gewohnten Essen zurückzukehren. Er schreibt:

»Ein gelöstes Rätsel.

Der Grund, warum im allgemeinen Ärzte und sogar Naturheilkundler wie auch Laien nicht an die Obstkost oder schleimfreie Kost glauben, ist einfach der: Wer auch immer mit dieser Heilkost Versuche macht, ohne Erfahrung zu haben, egal ob krank oder gesund, verliert sofort das Zutrauen zu ihr, sobald er eine Krise hat, weil er, wie er glaubt, 'ernsthaft krank' ist, also einen Tag erlebt, an dem eine große Menge gelöster Abfallstoffe, Kleister, Schleim und andere Gifte zurück in den Kreislauf gebracht werden, ein Tag starker Ausscheidung. Dies erzeugt gleichzeitig ein starkes, fast unwiderstehliches Verlangen nach falscher Nahrung, und, so seltsam dies auch scheinen mag, der Patient verlangt am stärksten nach der falschen Nahrung, die einmal seine Lieblingsnahrung war. Das wird durch die Tatsache erklärt, daß die Natur die Abfallstoffe gerade dieser Nahrung durch den Kreislauf ausscheidet - und dann, wenn diese im Kreislauf sind, wird ganz natürlich Verlangen und Begierde danach erzeugt.

Deshalb ist es von äußerster Wichtigkeit, daß jede Mahlzeit einer Heilkost und Reinigung den Körper sobald wie möglich verlassen muß. Durch das Vermengen mit losgelösten und aufgelösten Giften verursachen sie diese›unangenehmen‹ Empfindungen - eine Tatsache, die niemals zuvor vollkommen verstanden oder erklärt wurde.« Und weiter: *»Du mußt durch dieses Nadelöhr durch.«*

Dr. F. X. Mayr, der bereits erwähnte Begründer der Mayr-Kur, hat die Bedeutung des Darmes, dieses in der Medizin so wenig beachteten und erforschten Organs, richtig erkannt. Wie die Wurzeln für den Baum wichtiger sind als die Äste, Zweige und Blüten, so ist der Darm, der sich aus der Nahrung die für den Organismus wichtigen Komponenten holt und sie den Organen zuleitet, wohl der wichtigste Teil unseres Körpers. Die Innenoberfläche des Darms mißt 200 m^2 und ist mit über 33 Millionen wurzelartiger Zotten bestückt, welche diese Aufgabe zu erfüllen haben. Durch die Verschlackung, deren Ursachen bereits beschrieben wurden, wird die Darmoberfläche verschmutzt, die Darmzotten können nicht mehr voll wirksam werden. Wenn Sie bedenken, daß auf der spiegelglatten

Klomuschel Kotreste oft trotz mehrmaliger Spülung haften bleiben, können Sie sich vorstellen, wie es auf der rauhen Oberfläche des Darmes aussieht! Während der mehrwöchigen Fastenkur nach *Dr. Mayr* wird durch den Nahrungsentzug dem Darm Gelegenheit gegeben, sich selbst zu reinigen .*

Auch im neuen Leben wird die gesparte Energie zum Teil zur Reinigung des Darmes verwendet; ein Prozeß, der sich allerdings über viele Monate erstrecken kann. Man bedenke, daß die Ansammlung der Schlacken Jahre und Jahrzehnte gedauert hat! Der Vorteil des Systems ist jedoch der, daß sich bei der richtigen Ernährung keine neuen Schlacken mehr bilden, d.h. in der Zukunft keine Kuren mehr durchgeführt werden müssen.

In den Büchern von *Dr. Rauch* findet sich eine große Anzahl von authentischen Fallstudien von Patienten, die durch die Mayr-Kur von ihren Leiden befreit wurden. Die große Anzahl von Menschen, die die Mayr-Kur in Dellach Jahr für Jahr besuchen, spricht ebenfalls für diese Anstalt.

Anstelle von Abführmitteln, die nur im Notfall zu verwenden sind, empfehlen sich Einläufe, die selbst leicht appliziert werden können. *Dr. Walker*, jener 116jährige amerikanische Arzt, empfiehlt häufige Einläufe, und es erscheint logisch, daß eine solche Art der Verdauungsförderung Abführmitteln vorzuziehen ist. Dabei ist es wichtig, daß die Länge des einzuführenden Schlauches mindestens 40 cm mißt, da nur so gewährleistet ist, daß Wasser auch in den vorderen Teil des Dickdarmes dringt.

*Lesen Sie hierzu auch die Bücher »Darmgesundheit ohne Verstopfung« von *Dr. Norman W. Walker* und »Dein Darm - Wurzel der Lebenskraft« von *Wolfgang Spiller*.

Colon-Hydrotherapie

Auch die sogenannte Colon-Hydrotherapie ist ein wirksames Mittel der Darmreinigung, die aber nur unter ärztlicher Aufsicht durchgeführt werden sollte. Der Patient wird hierbei an ein Gerät angeschlossen, das Wasser verschiedener Temperaturgrade in einem geschlossenen Kreislauf in den Dickdarm ein- und aus diesem herauspumpt. Der Arzt und auch der Patient kann selbst durch ein eingebautes Glasrohr die vorbeiziehenden Kot- und Schleimhautreste beobachten. Interessehalber unterzog ich mich - etwa ein Jahr, nachdem ich mit dem »Neuen Leben« begonnen hatte - einer solchen Behandlung und freute mich, von der behandelnden Ärztin zu hören, daß der Zustand meines Darmes um vieles besser war als der anderer Patienten. Dennoch war ich überrascht, überhaupt »Abfallstoffe« wie Schleimhautreste und - einmal - unzerkaute Pilze, die ich mehrere Wochen vorher gegessen hatte, an mir vorbeiziehen zu sehen. Die Ärzte, welche die Colon-Hydrotherapie praktizieren, sind übrigens auch Gegner von Abführmitteln. Die Colon-Hydrotherapie wird u.a. zur Behandlung von Krankheiten wie Infektionen, Entzündungen, Rheuma, Polyarthritis, Akne, Psoriasis, andere Hauterkrankungen sowie gegen hohen Blutdruck, Migräne, Allergien und viele andere Beschwerden empfohlen.

In dem Maße, in dem die Darmoberfläche nach und nach gereinigt wird, nimmt deren Fähigkeit, Sauerstoff und - indirekt - entgiftetes Blut an das Gehirn abzugeben, zu.

Milch und Eier

Dieser weiße Saft gehört wohl in dem Dschungel der Ernährungstheorien zu den umstrittensten Themen überhaupt. Es gibt wohl kaum ein Lebensmittelprodukt, über welches es so viele entgegengesetzte Meinungen gibt. Eine ganze Reihe namhafter Wissenschaftler empfiehlt die Milch. Die andere Schule vertritt genau die entgegengesetzte Meinung und verbannt Milch völlig von der Speisekarte. Ich habe mich persönlich für die zweite Kategorie entschieden. Der Grund: Jene Autoren, deren Bücher mich besonders überzeugt haben (*Ehret, Tilden, Diamond, Walker, Bragg* usw.), sprechen sich alle gegen die Milch aus. Einige Argumente, die mich überzeugten: Milch ist als Nahrung für die Jungen der gleichen Art, also für unsere Babys, geschaffen. Kein bekanntes Lebewesen trinkt die Milch anderer Arten. (Wem würde es - wäre Milch nicht so bekannt - jemals einfallen, sich unter eine Kuh zu legen und am Euter zu saugen?) Nur der Mensch trinkt die Milch anderer Geschöpfe.

Durch das Pasteurisieren werden außerdem jene Wirkstoffe, die für unseren Organismus wichtig sein könnten, vernichtet. In einem Experiment wurden Kälber mit pasteurisierter Milch gefüttert - sie starben alle innerhalb von sechs Monaten!

Würde eine Kuh jemals Milch trinken, ihre eigene oder die eines anderen Tieres? Alle Wiederkäuer erzeugen Gewebe, Knochen, Muskel und Haare aus einem einzigen Nahrungsmittel: Gras.

Milch ist das politischste Nahrungsmittel in den USA und in Europa. In den USA wird die Milchindustrie jährlich mit einem Betrag von drei Milliarden Dollar gefördert - aus Steuergeldern. In Europa ist es ähnlich, obwohl in der Zwischenzeit aus zahlreichen Berichten und Untersuchungen hervorgeht, daß Milch doch nicht das perfekte Nahrungsmittel ist, wie uns die Werbung weiszumachen versucht. Es würde zu weit führen, alle Argumente, die die Milchgegner anführen, hier aufzuzählen (sie stehen alle in den angeführten Büchern).

Zu erwähnen ist noch, daß die Milchindustrie in allen westlichen Ländern zu den am stärksten subventionierten Industriezweigen gehört. Der Aufwand, der getrieben wird, um uns zum Milchkonsum zu bringen, ist gewaltig. (Stellen Sie sich einmal vor, daß nur ein kleiner Teil dieses Budgets zur Propagierung von Karottensaft aufgewendet würde!) Die einzige Form, in der ich heute noch Milch trinke, ist als Zusatz zum Nachmittagskaffee.

Eier

Ich selbst esse überhaupt keine Eier mehr. Notwendig für die Ernährung sind sie nicht. Im Obst und im Gemüse ist genügend Eiweiß enthalten.

Schwächen und Sünden

In meiner ersten Broschüre habe ich mich weitgehend auf die Aussagen jener Experten verlassen, deren Bücher ich gelesen habe und deren Aussagen mir wichtig und richtig erschienen. Als neugieriger Mensch habe ich inzwischen fast alles ausprobiert, was in diesen Büchern vorgeschlagen wurde, soweit es auch nur halbwegs vernünftig klang. Einige Erkenntnisse habe ich nicht berücksichtigt, obwohl sie zweifellos richtig waren. Aber das Opfer war einfach zu groß. Lediglich den ersten Monat stand ich eisern durch.

Ich habe schon an einer früheren Stelle erwähnt, daß es ohne Zweifel besser wäre, solche Entgleisungen zu vermeiden. Aber erstens wäre es nicht ehrlich, wenn ich Ihnen hier über meine - nicht vorhandenen - Tugenden etwas vorflunkern würde, und zweitens sollte Ihnen die Hoffnung, auch als nicht ganz »Starker« Resultate wie ich zu erreichen, neuen Auftrieb geben. Wenn ein Leser so stark ist, daß er wirklich »all the way« gehen will, so sollte er sich an *Helmut Wandmaker* halten, der in seinen Lehren konsequent und kompromißlos vorgeht.

Salz

In allen Büchern, zu deren Autoren ich Vertrauen gefaßt habe, wird das Salz verdammt und die bösen Wirkungen im Detail geschildert. Aber dennoch, ein Leben ohne Salz wäre für mich dermaßen trist, daß ich diese »Sünde« auf mich nehme. Einzige Konzession: Meersalz statt normalem Salz (zu empfehlen). Das gleiche gilt für das Saccharin, das ich stets mit mir führe. Ein Produkt der Chemischen Industrie und ebenfalls auf dem Index. Zu Hause, oder wo es möglich ist, nehme ich zum Süßen kaltgeschleuderten Honig, aber mit sich führen kann man den auch nicht!

Kaffee

Auch den Kaffee nach dem Mittagessen und am Nachmittag gebe ich nicht auf. In der Früh macht mir das Fehlen von Kaffee überhaupt keine Probleme mehr, obwohl auch ich anfangs glaubte, auf meine Morgentasse nicht verzichten zu können.

Nudeln, Spaghetti, Reis

Diese drei Produkte stehen bei der Trennkost (*Dr. Hay*) auch auf der schwarzen Liste. (Erlaubt sind nur Vollkornnudeln und -Spaghetti sowie Naturreis.) Diese Verbote beachte ich ebenfalls nicht (außer im ersten Monat).

Atmung

Bauchatmung. In all den für mich maßgeblichen Büchern wird darauf hingewiesen, daß die meisten von uns falsch atmen und zwar mit dem Brustkorb anstatt mit dem Bauch (Zwerchfell). Es wird empfohlen, die Atmung umzustellen, um dadurch mehr Sauerstoff in die Lungen und damit in unser ganzes System zu bringen. Ich habe dies immer wieder versucht, bin aber leider nicht weitergekommen. Trotzdem bin ich überzeugt, daß diese Theorie viel auf sich hat und daß andere es versuchen sollten, diese Umstellung an sich selbst vorzunehmen.

Auf die Bauchatmung wird vor allem im Fernen Osten großer Wert gelegt. (Ein Japaner meinte seinerzeit: *»Ein System, das sich den Slogan 'Brust heraus, Bauch hinein' zur Devise gemacht hat, kann unmöglich 1000 Jahre überstehen. «*)

Alkohol

Glücklicherweise gibt es mit wenigen unbedeutenden Ausnahmen niemand unter den von mir zitierten Autoren, der gegen den - mäßigen - Genuß von Alkohol zu Felde zieht, es sei denn im Zusammenhang mit Gewichtszunahme.

Ich selbst habe zunächst einmal alle harten Getränke von der Liste gestrichen und lasse nur mehr Wein, Bier und gelegentlich Champagner gelten. Ich habe meinen - früher beträchtlichen - Alkoholkonsum wohl sehr eingeschränkt, würde aber nur sehr ungern auf meinen Heurigen oder - ab und zu - auf ein kühles Bier ganz verzichten. Auch *Harvey* und *Marilyn Diamond* schreiben in ihrem Buch »Fit fürs Leben«: *»Wenn Sie gern Wein trinken, trinken Sie ihn auf leeren Magen, er wird Sie dann schneller auflockern und keine Nahrung beeinflussen.«* Daß Alkohol die Leber und die Nieren belastet, steht allerdings außer Frage.

Wasser

In den USA empfehlen viele ernstzunehmende Wissenschaftler, daß man - im Hinblick auf die schlechte Wasserqualität - nur destilliertes Wasser trinken soll. Geräte zum Selbstdestillieren sind bereits auf dem Markt. Ich kann mir durchaus vorstellen, daß an dieser Lehre etwas dran ist, jedoch habe ich mich nie damit beschäftigt.

Dr. Bragg, der uns schon von früher bekannt ist, betont in seinem Buch »Wasser, das größte Gesundheitsgeheimnis«, daß die in unserem Trinkwasser enthaltenen anorganischen Mineralien unsere Arterien verkrusten und sich in unseren Gelenken festsetzen, ebenso wie ein Wasserrohr oder eine Teekanne von denselben im Trinkwasser enthaltenen Mineralien belegt wird.

Nur destilliertes Wasser oder durch Umkehrosmose gereinigtes und das in rohem Obst und Gemüse enthaltene Wasser sind zum gefahrlosen menschlichen Genuß geeignet, meint *Dr. Bragg*. Anorganische Mineralien können von unserem Körper nicht aufgenommen werden und sind daher für uns wertlos. Nur die Pflanze kann auf dem Wege der Photosynthese anorganische Minerale, die sie sich aus dem Boden holt, in organische umwandeln. Und organische Mineralien sind die einzigen, die unser Körper braucht und aufnehmen kann. Alle anderen setzen sich -sofern sie nicht ausgeschieden werden - in Form von Ablagerungen in Arterien und Gelenken fest.

Dr. Bragg war als Teenager an Tuberkulose erkrankt und von den New Yorker Ärzten aufgegeben. Da geriet er durch Zufall an einen Arzt, *Dr. August Rollier*, der ein Sanatorium in der Schweiz leitete: *Dr. Rollier* bestand darauf, daß keinem seiner Patienten jemals hartes Wasser gegeben werde. Nur Regenwasser und Wasser aus geschmolzenem Schnee war erlaubt, daneben frisches Obst und Gemüsesäfte. Nach zwei Jahren konnte Bragg, völlig genesen, das Sanatorium verlassen und widmete sich seitdem der Heilung anderer Menschen. Heilung mit natürlichen Methoden und destilliertem Wasser.

Es gibt inzwischen Heimdestilliergeräte und Umkehrosmose-Tischgeräte, die Sie sich bei der Firma Bionika-Gesundheitsprodukte, Postfach 12 61, 27718 Ritterhude, beschaffen können.

Nikotin

Weder ich noch meine Frau haben je geraucht, so daß ich über dieses Thema nichts sagen kann. Wie zu erwarten, erntet das Rauchen bei den verschiedenen Ärzten keine guten Noten, aber das ist ja sowieso bekannt. Interessant ist, daß zwei meiner Bekannten, die die Broschüre gelesen und beherzigt haben, das Rauchen völlig aufgegeben haben. Beide meinten, daß ihr Wille mit einem Mal so stark geworden war, daß sie dieses Opfer zu bringen imstande waren.

Nebenbei ist - wie bei allen anderen sogenannten verbotenen Nahrungsmitteln - ein gelegentlicher »Ausrutscher« keine Katastrophe. Jene Gesundheitsapostel, die jedesmal die Hände über dem Kopf zusammenschlagen, wenn einmal eine Regel mißachtet wird, gehören nicht zu meinen Freunden. Oder wenn in einer Diät - die vor einigen Jahren in den USA und in Europa Furore machte (von der deutschen Ausgabe allein wurden mehr als 100.000 Stück verkauft) - gesagt wird, daß man sich am Tag einen Martini gönnen darf (4 1/2 Unzen), aber unter keinen Umständen einen Likör oder ein normales Bier - not permitted - nicht erlaubt! -, kommt mir das Grausen! Wie soll sich ein normaler Mensch für ein Programm entscheiden, wenn ihm, bevor er noch beginnt, ein lebenslanges Verbot für seine Lieblingsspeisen oder -getränke aufgebrummt wird! Beim neuen Leben, glauben Sie mir, ist das anders!

Das große Geheimnis: gutes Essen genießen!

Viele von Ihnen - ja, ich würde behaupten fast alle - erinnern sich noch an meine Behauptung, eine Methode gefunden zu haben, wie man »seinen Kuchen gleichzeitig essen und behalten kann« (have one's cake and eat it too), das heißt also, sich zum Beispiel von Zeit zu Zeit eine ordentliche Stelze (Schweinshaxe) mit einem Krügel Bier, eine saftige Leberkässemmel unterwegs an einem Würstelstand oder ein Wienerschnitzel mit Erdäpfelsalat (Kartoffelsalat) und einem oder zwei Viertel Wein gönnen kann, ohne daß die Welt zusammenbricht. (Schließlich lebt man ja nicht, um irgendwelche Diätregeln einzuhalten und sich bis an sein Lebensende zu kasteien.)

Es gilt in einem solchen Fall, den Käse aus der Mausefalle herauszuholen, ohne daß die Falle zuschnappt.

Die Methode ist relativ einfach: Nach einiger Zeit des Neuen Lebens hat sich der Körper schon so an eine reduzierte Nahrungsmenge gewöhnt, daß er wesentlich eher satt ist als sonst. (Erinnern Sie sich an mein Sashimi Beispiel?) Das gründliche Kauen und die damit verbundene Vergrößerung der Speisenoberfläche trägt auch dazu bei, daß man eher satt ist. Schließlich ist der Stellenwert des Essens stark gesunken und man gibt sich im Alltag mit weniger und einfacheren Speisen zufrieden. Wieder ein Beispiel: Wenn ich mir eine Scheibe Vollkornbrot gönne, esse ich diese am liebsten trocken und es kommt mir - im Gegensatz zu früher - nicht in den Sinn, diese mit Butter und/oder Wurst zu garnieren. Und doch kommt es dann und wann immer wieder vor, daß man bewußt gegen die Regeln verstößt. Wenn man aber »sündigt«, weiß man, daß man die Rechnung dafür präsentiert bekommt. Ein Beispiel: Vor zwei Monaten fuhr ich mit meiner Frau nach Brüssel, um unseren Sohn, der dort studiert, zu besuchen. Am Abend gingen wir in eines dieser herrlichen Fischlokale in der Altstadt, wo die ganze Pracht der Meeresfrüchte - Austern, Hummer, Langusten und viele andere Leckerbissen - auf der Straße ausgestellt sind. In der Wiedersehensfreude aßen wir dann ein lukullisches Mahl - alles was gut und teuer war, heruntergespült mit einem vorzüglichen Chablis. Am nächsten Morgen konnte man sofort spüren, daß etwas nicht so war wie sonst. Kein sofortiges Erwachen (und das war nicht die Folge des Weines), nur tröpfelnde Gedanken, keine schnellen Entschlüsse, mit anderen Worten genau dasselbe Gefühl das, was ich jahrzehntelang gehabt hatte, bevor das neue Leben seinen Anfang nahm. Aber der Abend vorher war es trotzdem wert gewesen!

Noch ein typischer Fall: Eine idyllische Urlaubsreise. Eines Abends gab es zum Essen die köstlichsten Nudeln, zubereitet mit einer dicken Crevetten-Sauce, das Beste, was ich seit langer Zeit gekostet hatte. Obwohl ich keinen allzu großen Hunger hatte, warf ich alle Prinzipien über Bord und nahm ein zweites, ja, ein drittes Mal. Kaum war ich mit den Nudeln fertig, kam - oh, Schreck - noch ein herrlicher Fisch auf den Tisch, und wieder schlug ich zu (jetzt ist es eh' schon egal)! Nach einer unruhigen Nacht erwachte ich, grantig und lustlos. Schon nach einer Stunde Autofahrt fielen mir bald die Augen zu, und ich mußte mich am Steuer ablösen lassen. Die Landschaft - es war ein schöner Sonnentag - glitt farblos und - wie mir schien - monoton vorbei. Kein Gedanke regte sich, und von unten schienen Magen und Darm unisono anklagend zu signalisieren: *»Siehst du, das hast du nun davon. Wir müssen hier unten wie die Wilden schuften, um deinen Fraß zu verdauen und können deshalb keine Energie nach oben schicken, wo du sie gerade heute so gut brauchen könntest. Recht geschieht dir!«* Dann, zu Mittag, war alles vorbei, und Geist und Seele klärten sich wie nach einem Gewitter. Der Verdauungsvorgang war abgeschlossen, der Transport von Blut und Sauerstoff an das Gehirn funktionierte wieder einwandfrei, und das Duo Magen & Darm schien zu sagen: *»So, jetzt sind wir mit der Drecksarbeit fertig und stehen wieder voll zur Verfügung.«* Früher wäre mir dieses morgendliche Unbehagen und die Lustlosigkeit gar nicht aufgefallen, und ich hätte diese als natürliches Übel hingenommen. Im Gegensatz zu meinem Beispiel aus Brüssel war es hier reine Gier - ein simples »Überfressen«, für das man - ich - mich schämen muß.

Vor allem aber ist es die Sicherheit, mit der man die Ursache dieses schlechten Zustandes identifizieren kann, die einem ein Gefühl der Überlegenheit gibt. Es liegt nur an einem selbst zu bestimmen, ob man einen verpatzten Vormittag wegen einer überreichen Mahlzeit in Kauf nimmt.

Dr. Hay - und mit ihm andere Fachleute, deren Bücher ich erwähnt habe - betonen immer wieder, daß jeder Mensch selbst für sein Aussehen, sein Wohlbefinden und weitgehend für seine Gesundheit verantwortlich ist. Wie wir uns fühlen, liegt ganz in unserer Hand.

Ich werde es mir jedenfalls gut überlegen, bevor ich das nächste Mal so unmäßig esse: Auf der anderen Seite will man aber auch kein asketischer Vegetarier werden und nur mehr »für die Gesundheit« leben! Man lernt aber relativ schnell, sich hier einzupendeln und grobe Ausrutscher wie die obige Fisch-Nudelorgie zu vermeiden. (Bei einem Drittel der Menge wäre ich letztlich genauso satt geworden und hätte am nächsten Morgen nicht leiden müssen.)

Und so bin ich schon beim Kernpunkt dieses Themas angelangt. In jedem einzelnen Fall überlegt man vorher: *»steht's dafür?«* Lautet die Antwort *»ja«*, dann kann man's ohne weiteres riskieren. Die Gewißheit, am nächsten Tag auf die positiven Seiten des neuen Lebens verzichten zu müssen, werden die Anzahl solcher »Ausrutscher« ohnehin von selbst eindämmen! Was das Gewicht betrifft, so ist so eine »Sünde« nicht gravierend. Ein, zwei, maximal drei Tage der Zurückhaltung und schon ist das Standardgewicht wieder da. Wenn man eine längere Zeit die Grundprinzipien des neuen Lebens beachtet hat, dann tritt der gesunde Menschenverstand an die Stelle der starren Regeln. Man bildet sich seine eigene Lebensordnung und kann ruhig auch einmal aus der Reihe tanzen und »verbotene Speisen« essen. Wenn ich heute irgendwo bei Bekannten eingeladen bin und die Hausfrau meint: *»Für dich haben wir eigens xy gekocht, das ist doch erlaubt oder?«*, dann fällt es mir manchmal schwer zu erklären, daß diese Zeiten bei mir schon längst vorbei sind. Bei solchen Gelegenheiten - wenn mich die Anwesenden mit Argusaugen mustern, was ich denn jetzt wohl essen würde - kann ich es mir oft nicht verkneifen aus reiner Bosheit das Verkehrte zu nehmen, z.B. 3 x von dem Schokoladenpudding! Niemand der Anwesenden weiß, daß ich mich dann bei den nächsten Mahlzeiten entsprechend einschränke.

Als ich später mit dem Fasten begann - ich komme noch darauf zurück -, konnte ich das System des »Sündigen, ohne zu leiden« noch weiter perfektionieren. Wenn ich weiß, daß eine irreguläre Mahlzeit ins Haus steht,etwa eine Einladung, eine feucht-fröhliche Feier oder etwas ähnliches, dann plane ich einfach für den darauffolgenden Tag völliges Fasten ein. So komme ich zu doppeltem Genuß: Die Freude an der Mahlzeit, und das herrliche Gefühl, das sich immer am Tag nach dem Fasten einstellt!

Pharma- und Lebensmittelindustrie

Pharmaindustrie

Vor 14 Jahren erlitt ich einen Gehirnschlag. Mehrere Monate mußte ich im Krankenhaus verbringen, anschließend verschrieb man mir eine Reihe von Medikamenten. Etwa ein Jahr, nachdem ich mit dem neuen Leben begonnen hatte und mich ganz ausgezeichnet fühlte (obwohl einige Symptome der Krankheit noch zurückgeblieben sind), hörte ich von einem Tag auf den anderen auf, meine Medikamente zu nehmen. Null Wirkung. Ich fühlte mich weder besser noch schlechter als zuvor.

Gehen Sie nun um Gottes Willen jetzt nicht in Ihr Badezimmer, und spülen Sie Ihre Medikamente durch die Klomuschel in den Kanal! Was ich hier erzähle, gilt ausschließlich für mich und mich allein. Ich habe - und das muß ich zugeben - in den letzten zwei Jahren das Vertrauen in die Schulmedizin und damit auch in die pharmazeutische Industrie - die beiden gehen ja Hand in Hand - in dem gleichen Maße verloren wie dieses in die heilende Wirkung der Natur und der »natürlichen« Lebensweise zugenommen hat! In den USA werden jährlich 30 Milliarden Dollar, das sind über 42.000.000.000 DM für Medikamente, ausgegeben! Stündlich schlucken die Amerikaner 25 Millionen Tabletten. Bei uns ist es nicht wesentlich anders.

Überlegen Sie doch einmal: Die Pharmaindustrie ist einer der profitabelsten Industriezweige, die wir kennen. Die Werbebudgets sind enorm, vor allem, was die Betreuung der Ärzte betrifft. Kein anderes Lebewesen (Haustiere ausgenommen, denn diese sind bereits vom Menschen so stark beeinflußt, daß sie nicht mehr zu den echten Tieren gezählt werden können.) benötigt zum Überleben irgendein zusätzliches Mittel außer den Produkten der Natur. Kann es da mit rechten Dingen zugehen, wenn wir uns so stark auf Pharmaprodukte verlassen? Machen Sie sich selbst Ihre Gedanken.

Helmut Wandmaker meint:

»Wir sind in diese Welt gesund geboren, wir haben höchste Lebenskraft mitbekommen, wir sind ein selbstheilender, selbstregulierender Organismus. Dieses Grundprinzip dürfen wir nie aus dem Auge verlieren!«

Die Menschen erwarten sich in ihrer Ungeduld von den Medikamenten eine sofortige Wirkung. Geduld ist, wenn Sie das neue Leben beginnen wollen, eine Eigenschaft, auf die Sie nicht verzichten können. Wenn auch ein neues Leben bei vielen Krankheiten und Beschwerden Abhilfe gebracht hat, so darf man sich auch keine Wunder versprechen. Nach meinem leichten Gehirnschlag vor vielen Jahren, leide ich noch immer an Durchblutungsstörungen (an denen auch 13 Jahre Medikamente nichts geändert haben). Ich hatte sehr gehofft, daß durch die neue Art der Ernährung eine Besserung eintreten würde, jedoch vergeblich. Immerhin: *»Wer hinkt, geht.«* (Altes chinesisches Sprichwort.)

Jahrelang habe ich ein Mittel gegen Gicht regelmäßig eingenommen. Vor einigen Monaten, nachdem ich gelesen hatte, daß die Gicht zum Großteil auf falsche Ernährung zurückzuführen ist, hörte ich von einem Tag zum anderen auf, dieses Medikament zu nehmen. Ich hatte seither nicht die geringsten Schwierigkeiten. Anderen erging es ebenso.

Eine jugendliche Tochter eines Bekannten litt an einer unangenehmen Hautkrankheit. Das Gesicht voller Pickel, teilweise offen und garstig anzusehen. Die Umstellung auf eine zu 80% auf Rohkost ausgerichtete Ernährung führte innerhalb von sechs Wochen zu einem Teint »wie Milch und Honig«. Für die 18jährige sehr hübsche junge Dame ein Riesenglück. Dennoch: In einer Fachdiskussion über derartige Leiden - mit einem führenden Spezialisten - war von Ernährung überhaupt nicht die Rede; lediglich neue Präparate der pharmazeutischen Industrie und deren Wirkung wurden da besprochen und gepriesen.

Lebensmittelindustrie

Bei der Lebensmittelindustrie ist es ähnlich. Nehmen Sie sich, nachdem Sie dieses Buch gelesen haben, einmal die Mühe und gehen Sie in Ihren nächsten Supermarkt. Sehen Sie sich die endlosen Reihen der verschiedensten Waren an und notieren Sie, wie viele davon für Sie wirklich nützlich sind und wie viele nur deshalb angeboten werden, weil der Hersteller damit ein Geschäft machen will, auf Kosten Ihrer Gesundheit.

Wir sind - ich wiederhole es nochmals - Früchte-Esser, und frisches Obst, Salate und frisches Gemüse sind die besten, nahrhaftesten und gesündesten Speisen. Aber mit frischem, unveredelten Obst ist kein Geld zu verdienen! Glauben Sie, daß der Urmensch, unser Vorfahre, wenn er plötzlich in einen modernen Supermarkt käme, zu Mettwurst und der Milchschokolade greifen würde, anstatt direkt zum Obststand zu traben und dort seine Auswahl zu treffen?

Es ist bekannt, daß die Hunzas - ein Bergvolk im nördlichen Nepal - zu den längstlebenden Menschen der Erde zählen. Sie ernähren sich in erster Linie von Gemüse und Obst. Am anderen Ende der Altersskala finden sich die Eskimos mit einer Lebenserwartung von durchschnittlich 27,5 Jahren! Die Eskimos ernähren sich fast ausschließlich von Fisch und Robbenfleisch!

Laut »*Wall Street Journal*« steht an erster Stelle aller in den USA verkauften Medikamente das Produkt *Tagamet*. Was ist *Tagam*et? Ein Mittel gegen Magenbeschwerden. Daß Magenbeschwerden direkt auf falsche Kost zurückzuführen sind, ist ja wohl klar. Und daß ein Mensch, der sich zum Großteil von frischem Gemüse und frischem Obst ernährt, kein *Tagamet* braucht, dürfte auch außer Frage stehen. Kein Labor der Welt kann die Natur nachahmen, geschweige denn sie übertreffen! Gesundheit braucht keine Unterstützung der Chemie.

Auch *Dr. John Tilden* (1851-1940) erkannte, daß die Hauptursache der Krankheiten die Vergiftung des Körpers durch die Ansammlung von Schlacken ist. Die Heilung besorgt der Körper selbst. Wir sollen die Krankheit nicht unterdrücken, sondern sie durch richtige Ernährung erst gar nicht aufkommen lassen! Ein Beispiel: Der Mehlwurm kommt nicht von außen in das Mehl und verdirbt es, sondern er entsteht im verdorbenen Mehl. Der Holzwurm kommt auch nicht von außen, sondern entsteht im kranken Holz. Im Moment, wo der menschliche Organismus vergiftet (verschlackt) ist, wird das Milieu ein idealer Nährboden für pathogene Keime. Die Balance zwischen Viren, Bakterien und Keimen verschiebt sich und der Körper muß über die diversen Ausscheidungsmechanismen die Balance wieder herstellen.

Dr. John Tilden ist ein anderer »ganz Großer«. Er schrieb sein Buch »Toxemia, the basic cause of Disease« (deutscher Titel: »Mit Toxämie fangen alle Krankheiten an«) bereits Anfang dieses Jahrhunderts, jedoch erst jetzt beginnen sich seine Erkenntnisse langsam durchzusetzen. *Dr. Tilden* promovierte im Jahre 1872 zum Doktor der Medizin und praktizierte nach mehr oder weniger konventionellen Methoden bis 1924. Anschließend eröffnete er ein eigenes Sanatorium mit angeschlossener Gesundheitsschule. In dieser zweiten Phase seiner medizinischen Tätigkeit, die bis zu seinem Tod im Jahre 1940 währte, wendete er keinerlei Medikamente mehr an. Vielmehr wandte er seine Erkenntnisse an, den Körper von giftigen »toxischen« Stoffen zu befreien und anschließend der Natur die Heilung zu überlassen. Er brachte seine Patienten dazu, so zu leben, daß keine toxischen Rückstände im Körper entstehen. Patienten, die sich nicht an seine Anweisungen hielten, wurden schonungslos der Anstalt verwiesen. *Dr. Tilden* führte einen ständigen Kampf mit der Schulmedizin, deren Verfechter ihn und seine Thesen aufs Schärfste verurteilten. Er nahm allerdings auch kein Blatt vor den Mund und nannte Fanatismus, Dummheit, Bigotterie und Gewinnstreben als die wesentlichen Einflüsse auf dem Gebiet der Ernährung. Immer wieder wies er darauf hin, daß die Natur jede Art von Infektion heilt, wenn nur die entkräftenden Gewohnheiten eingestellt werden. Nicht die Krankheit, sondern die Ursache müssen wir kennen!

Beachte die Naturgesetze

Die Naturgesetze beachten - darin liegt der Schlüssel zu einem vernünftigen und glücklichen Leben! Sehen Sie sich im Tierreich um. Haben Sie schon jemals ein fettes Tier gesehen (mit Ausnahme von Haustieren, die aber durch den Menschen bereits verdorben wurden)? Die Suche nach Nahrung steht im Leben der Tiere - gleichwertig mit der Fortpflanzung - an erster Stelle. Um zu Nahrung zu kommen, hat die Natur die einzelnen Lebewesen mit den raffiniertesten Eigenschaften ausgestattet. Es gibt einen Videofilm »The Living Planet«, der die Evolution in Pflanzen und im Tierreich zum Inhalt hat. (Bei uns liefen Teile dieser Serie von *David Attenborough* unter dem Titel »Universum«.) Was hier gezeigt wird, grenzt an das Unglaubliche, und erfüllt mich mit Staunen und Ehrfurcht. Ein Beispiel: Um an seine einzige Nahrung, den Blütennektar heranzukommen, muß der Kolibri vor der Blüte verharren. 80 Flügelschläge pro Sekunde sind erforderlich, um ihn in seiner Position zu halten. Sein Schnabel ist länger als der ganze Körper. Er benötigt ihn, um an den Nektar der Blüten heranzukommen. Die Geschicklichkeit, mit der die Löwenfamilie, angeführt von der Mutter, in perfektem Teamwork ihr Opfer aus der Antilopenherde heraussucht und dann einkreist, würde jedem Strategen imponieren. Eine südamerikanische Geierart ernährt sich ausschließlich von Knochen. Um nun an das Innere der Knochen heranzukommen (der Schnabel allein ist zu schwach zum Zerkleinern), trägt der Geier den schweren Knochen in große Höhen und läßt ihn dann direkt oberhalb einer flachen Felsplatte fallen, so daß er auf dieser zerschellt! Der Mensch hingegen hat im Laufe der Zeit jeglichen Instinkt verloren. Wird ihm die Nahrung, an die er gewohnt ist, entzogen, so verhungert er.

Wenn ich Ihnen so einen Vorteil, einen Segen, einen erfreulichen Aspekt eines neuen Lebens nach dem anderen schildere, werden Sie sicher fragen: *»Wo ist der Haken? Irgend etwas Negatives, irgendein 'aber' muß doch dabei sein?«* Nein, ehrlich, nein, es gibt nichts Negatives - wenn man von den Überwindungen des ersten Monats absieht: Verzicht auf das Frühstück, Umstellung auf Obst. Und dieses Umstellen ist so leicht, wenn man sich die herrlichen Veränderungen, die eine Zukunft mit sich bringen wird, vor Augen hält.

Ja, einen Haken hat die Sache: daß ich mit dem neuen Leben nicht schon vor 40 Jahren begonnen habe.

Die zehn Gebote des Neuen Lebens

1. Einen Monat **investieren und die** angeführten **Regeln peinlichst genau, ohne zu mogeln, befolgen!**

2. **Obst und Gemüse und Obstsäfte** bis zum **Mittag.**

3. **70-80% unserer Nahrung sollen aus Obst, Salaten und Gemüse** (möglichst frisch) **bestehen.**

4. **Grundregeln der Trennkost einhalten**: **Eiweiß** = (Fleisch, Fisch, Käse) und **Kohlenhydrate** = (Brot, Mehl, Nudeln, Reis) in einer Mahlzeit nicht mischen.

5. **Pausen zwischen den Mahlzeiten einhalten.**

6. **Jeden Bissen gut kauen.**

7. **Wenig essen**. Portionen sparsam vor jeder Mahlzeit vorbereiten. **Nur essen, wenn man Hunger hat!**

8. **Zwischenmahlzeiten (außer Obst) vermeiden. Kein Brot bei den Mahlzeiten, kein Naschen zwischendurch.**

9. **Regeln des neuen Lebens befolgen. Kein Ausweichen auf andere Ernährungsformen oder Diäten.**

10. **Von Anfang an, an den Erfolg glauben!**

Teil II

Wirkung eines Neuen Lebens auf Geist und Seele

In meiner ersten Broschüre, die ich etwa ein halbes Jahr nachdem ich auf die neue Ernährung umgestiegen war, geschrieben hatte (ich hatte bereits 16 Kilo abgenommen und somit mein Endgewicht - Idealgewicht - erreicht), erwähnte ich auch die Wirkungen auf Geist und Seele, die ich bereits zu erkennen glaubte: Keine Müdigkeit mehr nach dem Mittagessen, längeres Autofahren ohne Pause, konzentrierteres Arbeiten, Lesen über mehrere Stunden ohne unaufmerksam zu werden usw. In meiner Naivität glaubte ich, daß auch diese Entwicklung (ähnlich etwa dem Erreichen des Idealgewichtes) nunmehr abgeschlossen war. Ein großer Fehler: Diese Phase scheint nie zu Ende zu gehen, und selbst heute, zwei Jahre später, spüre ich immer wieder neue Anzeichen dafür, daß die weitere konsequente Einhaltung dieser Ernährungsweise immer wieder neue Früchte trägt.

Das Schreiben dieses zweiten Teiles fällt mir um vieles schwerer als das, was ich Ihnen bisher erzählt habe, da sich bei mir so viele Dinge ereignet haben, die ich vor einiger Zeit noch für unmöglich gehalten hätte.

Nun, ich möchte zunächst andere sprechen lassen, damit Sie sehen, daß ich mit meinen Beobachtungen nicht allein bin.

In meiner ersten Broschüre zitierte ich unter anderem auch *Dr. Hay,* den Begründer der Trennkost, und tue dies hier nochmals:

»Die Wirkung der Nahrung auf den Geist.«
Das Gehirn ist das große Reflexzentrum, von dem alle Nerven ausstrahlen, die die Bewegungen und Empfindungen kontrollieren.

Und da das Gehirn in der Versorgung mit Blut und Sauerstoff vom Körper abhängig ist, so muß es auch von dem abhängig sein, was wir essen. Ein mit Säure beladenes Blut ist sicher nicht imstande, funktionelle Höchstleistungen zu vollbringen. Übersäuerung kann das Gehirn so belasten, daß ein klares Denken unmöglich ist; und selbst Zustände tiefer Schlafsucht kommen, wie wir oft feststellen, von chronischen Vergiftungserscheinungen. Die Kennzeichen der Schwächung des Gehirns sind langsames Denken, schlechte Urteilskraft, Gedächtnisschwäche, mangelndes Konzentrationsvermögen; und dieses letztere ist sicher eines der bezeichnendsten Merkmale. Geistesarbeiter sollen die Wirkung der Trennkost mit Rücksicht auf ihr Studium und ihre Leistungsfähigkeit besonders beachten. (Verbesserte Eßgewohnheiten, ein zweckmäßiges und naturgemäßes Essen sollte man nicht Diät nennen.) An der Entsäuerung des Körpers nimmt auch das Gehirn teil. ***Die geistige Leistungsfähigkeit steigert sich und auch der Charakter wird veredelt. Wenn sich nach längerem Fasten der Körper von seinen Schlacken befreit hat, wird der Geist so lebendig, daß die Gedanken glasklar werden und das Unterbewußtsein fast das Verborgene sehen kann.*** *Einige der größten geistigen Taten sind bei längerem Fasten vollbracht worden, und ein hoher Grad geistiger Leistungsfähigkeit wurde nach dem Fasten lange Zeit* *beobachtet. Sicherlich wissen wir wenig von unseren geistigen Fähigkeiten, ehe wir nicht das Gehirn mit reinem Blut versorgt haben. Die alten Philosophen Griechenlands lehrten ihre Schüler zuerst die reine Diät, und sie übten so strenge Enthaltsamkeit, daß daraus deutlich wird, welche Bedeutung sie diesen Maßnahmen ihre Philosophie beigemessen haben. Epikur, Sokrates, Plato und andere legten viel Wert auf richtige Ernährung, ja, sie betrachteten sie als die Grundbedingung für ihre Philosophie, und sie erprobten, was sie predigten.*

Wenn sich der Körper von den Schlacken gereinigt hat. mit denen er belastet war, so steigt der Geist zu einer Höhe und Reinheit, die vordem nie erreicht wurde, und neue Welten scheinen sich dem Glücklichen zu öffnen. *Die meisten wertvollen Dinge des Lebens, die Dinge, die andere geistig erhoben haben, die als größte Werte jahrhundertelang bestanden, wurden von Menschen vollbracht, die ihr Werk vor eitle Vergnügungen stellten. Man wird unter allen diesen Großen keinen Schwelger finden. Schwelgen und klares Denken vertragen sich nicht.*

Auch *Dr. Rauch*, der Leiter der bekannten Kuranstalt in Dellach/Wörthersee, wo die Mayr-Kur praktiziert wird, sagt zu diesem Thema folgendes:

»Weil sich die Selbstvergiftung auf den ganzen Körper erstreckt, bleiben auch jene Teile des Nervensystems, die als organische Grundlage die Vorgänge des höheren Seelenlebens dem physischen Körper übermitteln, nicht unbeeinflußt. Werden diese nervlich-vegetativen 'Vermittlungsorgane' durch Gifte geschädigt, dann können höhere seelische Regungen und Empfindungen nur erschwert zu den Hirnzentren gelangen, die das physische Bewußtsein

steuern. Als Folge können zutage treten: ignorieren bisheriger höherer Bestrebungen und Ideale, seelische Verflachung in allen Lebensbereichen, seelische Lieblosigkeit, verstärkter Egoismus, Materialismus und Rücksichtslosigkeit. (Entgiften des Körpers allein kann aus einem 'bösen' Menschen noch keinen 'guten' machen; kann ihn aber den Einwirkungen seiner höheren Regungen wesentlich empfänglicher werden lassen, was entsprechend deutliche positive Auswirkungen auf seine Gesamtpersönlichkeit zur Folge hat. Daher wird auch das Fasten bei allen Weltreligionen seit Urzeitgedenken gepflegt.)

Zwangsläufig bestehen auch Zusammenhänge zwischen Darmträgheit und Leistungsstörungen des Gehirns als Sitz des Vorstellungsvermögens (Phantasie) und des Gedächtnisses, ferner zwischen Darmträgheit und Gemütsstörungen, Depressions- und Gereiztheitszuständen, weil diese Vorgänge von den körperlichen Umsetzungen tiefgehend beeinflußt werden. Nachlassen intellektueller Fähigkeiten, zunehmende Vergeßlichkeit, Trübsinn usw. sollten somit nicht immer auf Alltagssorgen oder gar die erreichten Jahre zurückgeführt werden, sondern auf Stoffwechselvergiftung des Gehirns.«

Damals, als ich dies zitierte, spürte ich wohl schon die ersten Anzeichen einer Veränderung in meinem Verhalten, von »glasklaren Gedanken« und »neuen Welten, die sich dem Glücklichen öffnen«, konnte jedoch noch keine Rede sein. *Dr. Hay* wie auch *Dr. Rauch* erwähnen beide, daß die Veränderungen in der Geistes- und Seelenhaltung erst nach längerer Zeit voll zur Geltung kommen. Oft hört man, daß der Geist über den Körper regiert. Ich habe an mir die Erfahrung gemacht, daß das nur zum Teil stimmt. Zunächst müssen durch eine richtige Ernährung die Voraussetzungen geschaffen werden, daß der Geist richtig funktionieren kann. Der Geist ist also zunächst vom Körper abhängig. Erst wenn dieser Prozeß abgeschlossen - oder weitgehend beendet ist - übernimmt der Geist und befiehlt dem Körper, was zu tun ist. Beim »Neuen Leben« kann man diese »Wachablöse« ziemlich genau verfolgen.

Auch habe ich bisher noch nie jemanden kennengelernt, der - was den Zusammenhang zwischen Ernährung und Geist betrifft - ähnliche Erfahrungen gemacht hat wie ich. So habe ich das Gefühl, hier Neuland zu betreten, d. h. nicht ich betrete, sondern werde gewissermaßen betreten, denn meine Rolle ist eine passive. Und so will ich nun versuchen, die wichtigsten Veränderungen, die ich an mir feststellen konnte, zu beschreiben. Natürlich sind diese subjektiv und werden von Fall zu Fall variieren. Aber: So viele Menschen, die sich an die Regeln eines neuen Lebens meiner Broschüre hielten, haben abgenommen und zusätzliche Energie gewonnen. Warum sollte es - was Geist und Seele betrifft - anders sein, wenn Sie auch weiterhin meine Regeln befolgen und sich richtig ernähren?

Wenn ich Ihnen jetzt erzähle, was für Folgen das »Neue Leben« für mich hatte - Geist und Seele -, kommt dies einer »Entblätterung« gleich, was mir von Natur aus wirklich nicht angenehm ist. Jedoch sehe ich darin den einzigen Weg, Ihnen glaubwürdig zu machen, was Sie erwartet, denn einerseits gibt es über dieses Thema keine mir bekannte Literatur, aus der ich schöpfen könnte - mit Ausnahme der allgemein gehaltenen, hier zitierten Ausführungen; andererseits kann ich nur für das einstehen, was ich selbst erlebt habe. Häufig habe ich auch Veränderungen an mir verspürt, die ich mir nicht erklären konnte. Erst später fand ich die Erklärung in einem oder mehreren Bücher, deren Autoren ähnliches erlebt hatten.

Der Darm - unser wichtigstes Organ

Als Laie ist man geneigt, sich das Gehirn als ein mystisches »Etwas« vorzustellen, das eigentlich nicht direkt zum Körper gehört, sondern ein undurchschaubares, geheimnisvolles Eigenleben führt. Die Vorstellung, daß das Gehirn, um einwandfrei funktionieren zu können, genauso von außen versorgt werden muß wie ein Motor mit Benzin und Öl, kommt uns doch recht vulgär vor. Der Gedanke, daß alles, was sich in unserem Gehirn abspielt, von der Sauberkeit unseres Darmes abhängt - abstoßend! Und doch ist es so. Der Darm, den wir in der Regel mit einem Gefühl der Herablassung, ja , des Ekels bewerten, ist in Wahrheit jenes Organ, das für unseren Geistes- und Seelenzustand verantwortlich ist.

Ein altes arabisches Sprichwort sagt: *»Der Darm ist der Vater aller Trübsal.«* Auch in Indien wurde die Bedeutung der Ernährung für den Geist erkannt. *»Wenn die Ernährung rein ist, wird der Geist rein sein, wenn der Geist rein ist, wird der Verstand ebenfalls rein sein.« (Manu)*

Die von *Dr. Hay* erwähnten griechischen Philosophen, die um ihres klaren Verstandes willen über lange Zeiträume fasteten, sind ein weiteres Beispiel. In unseren Tagen scheinen diese Erkenntnisse verloren gegangen zu sein, oder haben Sie von Ihrem Arzt jemals einen Hinweis auf diese Zusammenhänge erhalten?

Der Verstand

Fangen wir beim Verstand an: Ich will nicht behaupten, daß ich durch diese Lebensweise gescheiter geworden bin, doch scheint der Geist - ebenso wie der Darm - einer gründlichen Reinigung unterzogen worden zu sein. Es hat den Anschein, als wurden die Gedanken, die früher wie eine undisziplinierte Menschenmenge wirr durcheinander liefen, jetzt in Reih und Glied dahermarschieren. Auch wird die Denktätigkeit viel intensiver. Man denkt einfach mehr. Man kann dies mit einem innen verkalkten Wasserrohr vergleichen: Wird dieses gereinigt, vergrößert sich der Durchlauf und die durchgelassene Wassermenge wird entsprechend größer. Erwischt man sich dabei, daß man nicht denkt, packt einen gleich das schlechte Gewissen und man sucht bewußt, dieses Vakuum zu füllen.

Die erhöhte Denktätigkeit hat noch einen weiteren angenehmen Nebeneffekt: Es gibt keine Langeweile mehr. Der Geist ist einfach zu beschäftigt. Man ist sich selbst genug. Früher war mein Bedürfnis, mit anderen Menschen zusammen zu sein, viel stärker als heute. Die Freude an kleinen, scheinbar unwesentlichen Dingen steigt in ungeahntem Maße. Die Auffassung, das Sehen, das Schauen, alles ist anders als früher. Wege, die ich jahrelang gegangen bin, plötzlich sieht man Dinge - eine schöne Hausfront hier, einen alten Baum da, an denen man früher achtlos vorbeigegangen ist, mit anderen Augen.

Das Diktiergerät - eine wichtige Hilfe

Ich verwende seit vielen Jahren ein Taschendiktiergerät, in das ich Gedanken und Eindrücke, die mir wertvoll erscheinen, hineinspreche. Jeden Morgen werden diese niedergeschrieben und ausgesiebt (denn es ist natürlich auch viel Unnützes darunter). So geht dies schon seit Jahrzehnten. Die Benützung eines solchen Diktiergerätes bringt große Vorteile mit sich. Man denkt, spricht ins Gerät und vergißt es dann bis zum nächsten Tag, wenn man seine Notizen schreibt und mit dem Aussieben beginnt. Alles wird gewissermaßen in einen großen Sack geworfen, man muß sich keine Gedanken darüber machen, was man sich merken müßte (und ein Notizbuch ist ja auch nicht immer zur Hand). Daß ich manches Gespött meiner Mitmenschen ob dieser sonderbaren Gewohnheit einstecken muß, nehme ich gerne in Kauf. Gedanken schwirren vorbei wie die Sternschnuppen. Wenn man sie nicht festhält (und das Diktiergerät ist das beste Mittel), so sind sie weg. Das ist wie bei den Träumen: Wie oft wacht man in der Nacht auf, der Traum ist noch ganz klar und lebendig vor einem, doch am nächsten Morgen ist keine Spur mehr davon übriggeblieben.

Ein chinesisches Sprichwort sagt: *»Das beste Gedächtnis ist schwächer als die blasseste Tinte.«*

Seit der zweiten »Wende« ist nun die Anzahl der Eintragungen drastisch angestiegen und, wenn ich mir meine Notizen so ansehe, scheinen nun auch mehr vernünftige Gedanken darunter zu sein. Das Gehirn ist dauernd beschäftigt. Wenn ich einmal am Tag vorher zu viel gegessen habe, fällt die Anzahl der Eintragungen drastisch ab, ein Zeichen dafür, daß der Körper mit der Verarbeitung des Gegessenen derart beschäftigt ist, daß für etwas anderes keine Energie mehr vorhanden ist. Seit etwa 8 Monaten notiere ich täglich die Anzahl der Eintragungen und kann daher den direkten Zusammenhang zwischen Denktätigkeit und Ernährung gut kontrollieren. In den Fastenperioden (siehe später) ist die Aktivität des Gehirns mit Abstand am regsten, die Zahl der Eintragungen am größten. Dies stimmt auch gänzlich überein mit dem was *W. A. Peterson* in seinem Buch »Fit fürs Leben durch kreatives Denken« schreibt.

Die Zeit

Die Zeit nimmt eine neue Dimension an: Die Lebensuhr tickt. Wenn man, wie ich, mehr als zwei Drittel seines Lebens hinter sich hat, beschäftigt man sich im neuen Leben intensiver mit dem Rest seines Lebens: *»Jeder will jung sterben, aber das spät.«*

Die beiden »Oldies« unter meinen Lieblingsautoren, *Dr. Walker* (116) und *Dr. Bragg* (88), betonen immer wieder, daß das Alter keine Frage der Jahre, sondern der inneren Einstellung ist - und diese wiederum weitgehend von der Ernährung abhängig ist. *Dr. Bragg* schreibt: *»Das Leben ist wie ein Boxkampf: Man weiß, daß man verliert, aber wie viele Runden man im Ring bleibt, liegt an einem selbst!«*

Man ist bestrebt, die Zeit so gut wie möglich zu nützen und sich weniger mit Unwichtigem zu befassen. So sitze ich heute seltener vor dem Fernseher als früher und bin bei der Wahl der Bücher und Zeitungen, die ich lese, wählerischer geworden. Die Zeit, die man früher als etwas Selbstverständliches hinnahm, erscheint einem plötzlich in einem anderen Licht. Nehmen wir an, Sie schlafen acht Stunden pro Tag, so verbleiben für Sie noch 16 Stunden pro Tag, 16 Stunden, die Sie einteilen können wie Sie wollen. (Wenn Sie einen Beruf haben, bei dem Sie nicht einteilen können, sich die Zeit einzuteilen haben, so sind es immerhin noch 8 Stunden.) Nehmen Sie sich einmal die Mühe und addieren Sie die produktiven, vernünftig verbrachten Viertelstunden zusammen und vergleichen Sie sie mit dem »Leerlauf«. Wenn Sie dies einige Male tun, so wird Ihnen in der zweiten Phase eines neuen Lebens jede vergeudete Stunde des Lebens leid tun, und Sie werden versuchen, solche Abschnitte zu vermeiden.

Schlaf

Seit ich mich anders - richtig - ernähre, schlafe ich merklich besser (aber nicht länger) als früher. Viele andere »Jünger« berichten über die gleichen Resultate. Sicherlich hat dies auch mit dem frühen und weniger üppigen Abendessen zu tun. Wie die Batterie eines elektrischen Autos wird der Organismus während des Schlafens aufgeladen. In der Nacht werden alte Zellen doppelt so schnell erneuert wie während des Tages. Auch die Einstellung zum Thema Schlaf hat sich - bei mir - geändert. Ich habe immer schon wenig Schlaf gebraucht. Wenn ich nun früh schlafen gehe und in der Nacht aufwache, lese ich ein bis zwei Stunden in Ruhe und mit Vergnügen, um dann die zweite Schlafperiode der Nacht zu beginnen. Auf diese Weise gewinne ich viel Zeit. Früher habe ich mich unruhig hin und her gewälzt, immer hoffend, doch endlich einschlafen zu können.

Auch eine kurze Siesta am Nachmittag oder auch untertags kann ich sehr empfehlen. Hier genügen mir 5-10 Minuten, um wieder voll präsent zu sein.

Konzentration

Früher passierte es mir beim Lesen immer wieder, daß sich die Gedanken vom Gelesenen absonderten und sich irgendwohin fortstahlen, während das Auge unbeirrt von Zeile zu Zeile wanderte, ohne daß der Inhalt richtig aufgenommen wurde. Jetzt ist das anders: Machen sich die Gedanken einmal aus dem Staube, so werden sie flugs wieder zurückgeholt, und ich lese die übergangenen Zeilen nochmals. Das dauert zwar etwas länger, die Freude am Lesen wird dadurch aber viel intensiver. Ebenso verhält es sich, wenn ich den Sinn eines gelesenen Satzes nicht richtig begreife. Man nimmt sich die Mühe zu pausieren und darüber nachzudenken. Auch der Brockhaus und »Webster's Dictionary« kommen dabei zu neuen Ehren: Ist einem ein Wort oder Begriff unklar, wird er notiert und später nachgeschlagen.

Das Bewußtsein

Das Bewußtsein. Zu diesem Wort hatte ich bis vor kurzem keine richtige Beziehung: Man sagt »bei vollem Bewußtsein«, »das Bewußtsein verlieren«, assoziiert dies aber automatisch mit einem Unfall, einer Krankheit. Sich einer Sache wirklich **bewußt** sein, was das bedeutet, weiß ich erst jetzt. Das Wort von den glasklaren Gedanken, G-L-A-S-K-L-A-R, von *Dr. Hay* gebraucht und von mir seinerzeit gedankenlos zitiert, nimmt nun eine ganz neue, aufregende Bedeutung an. Dinge, mit denen man sich beschäftigt, erscheinen jetzt scharf und klar. Die Zusammenhänge werden deutlicher, präziser, Zweifel treten in den Hintergrund. Die Intensität, mit der man - wahrnimmt, nimmt in ungeahntem Maße zu.

Der Wille

Durch die neue Ernährung wird man mit der Zeit viel konsequenter in seinem Handeln als dies früher der Fall war. Ist ein Vorsatz erst einmal gefaßt, so wird er auch durchgeführt. Hand in Hand mit der Stärkung des Willens wächst auch die Courage. So traut man sich Dinge zu sagen, die man vorher lieber für sich behalten hätte. Wenn ich das hier so niederschreibe, dann muß ich mich über mich selbst wundern und vor allem darüber, daß all dies nur durch eine andere Form des Essens bewirkt wurde.

Wieder ein Beispiel: Ich bin im wesentlichen ein unsportlicher Mensch, bin mir aber bewußt, daß man die Bewegung braucht. So habe ich mir vorgenommen, jeden Morgen eine bestimmte Zeit zu turnen. Das wird dann auch durchgehalten, auch wenn es mir oft sehr schwer fällt und ich gar keine Lust habe. Versäumt man das Pensum einmal aus irgendeinem Grund, so holt man es am Nachmittag nach, was noch viel unangenehmer ist. Das tägliche Turnen am Anfang eine Qual - ist mir inzwischen zur Gewohnheit geworden. Wenn man im Laufe der Wochen und Monate merkt, wie die Leistungen steigen und die verschiedenen Übungen fast spielend abgespult werden, so wird auch diese Aktivität, wenn auch nicht zum Vergnügen, so doch zur Selbstverständlichkeit. Und - oh, Wunder - meine Frau macht jetzt auch brav mit und das täglich.

Auch hier bewährt sich das Diktiergerät: Man spricht einmal die Übungen auf Band und wird dadurch gezwungen, ohne Träumen und Unterbrechungen das Programm in der angesetzten Zeit zu Ende zu bringen.

Der Wille ist wie ein Muskel, der mit ständiger Übung immer stärker wird. Das geht so weit, daß ich mir täglich vornehme - und meist auch aufschreibe - was ich an diesem Tag tun werde. Das wird dann auch ausgeführt, auch wenn sich untertags andere, vielleicht angenehmere Alternativen ergeben sollten, oder man anderweitig abgelenkt wird. (Natürlich gibt es auch hier Ausnahmen.) Wenn ich mir z.B. vornehme, eine bestimmte Arbeit in einer gewissen Zeit zu beenden, werde ich unter allen Umständen versuchen, dieses Ziel zu erreichen.

Ein Beispiel: Ich muß einen unangenehmen Brief schreiben oder einen Besuch machen und schiebe diese Aufgabe immer vor mir her. Schob. Denn jetzt sehe ich zu, daß ich das möglichst schnell hinter mich bringe! Allein der Zeitgewinn, der durch eine solche Einstellung entsteht, ist beachtlich: Wie lange denkt man immer wieder darüber nach, daß diese unangenehme Aufgabe endlich einmal erledigt werden muß. Wahrscheinlich - wenn man alles zusammenzählt - viel länger als die ganze Angelegenheit - der Brief, der Besuch, dann tatsächlich benötigen.

Die Wankelmütigkeit, das lange Abwägen für und wider, sind verschwunden. Die Entscheidungen werden rasch und sicher getroffen, als würde ein geistiger Semaphor einem die Richtung weisen. Es gibt kein Zögern und Zaudern mehr.

Legen Sie Ihren Tag in ein enges Korsett, aus dem es kein Entweichen gibt. Sie werden selbst feststellen, daß das Leben so viel leichter wird - Zögern, Zaudern und Zweifel gehen zurück, alles läuft wie auf Schienen.

Pünktlichkeit

Auch in der Pünktlichkeit ist eine erfreuliche Verbesserung bei mir eingetreten. Durch dic genaue, ja fast pingelige Zeiteinteilung räumt man eine entsprechend große Zeitmarge vor jedem Termin ein, um eine Verspätung zu vermeiden. Merkwürdig erscheinende Veränderungen sind in dieser Zeit in mir vorgegangen. Ein mir bis dahin fremder Hang zur Genauigkeit: Das Führen eines Tage- und Kassabuches (wobei ich beunruhigt bin, wenn die Abrechnungen nicht genau stimmen), das rasche Erledigen der Post, größere Sorgfalt, was die Kleidung betrifft (man legt Wert darauf, daß die Krawatte paßt), gründlicheres Aufräumen, erhöhter Fleiß bei der Gartenarbeit, kurzum, eine ganze Menge neuentdeckter Eigenschaften, die vorher nicht oder in viel geringerem Maße vorhanden waren.

Einstellung zu anderen Menschen

Die Einstellung zu anderen Menschen, sei es Familie, Freunde oder Fremde, hat sich verändert in gleichem Maße gegenüber wie die Haltung eigenen Schwächen und Fehlern kritischer geworden ist, so wird die Beurteilung der anderen verständnisvoller und toleranter. Man bemüht sich, den anderen zu verstehen, sich in die Lage zu versetzen. Ich bin von Natur aus manchmal sehr zornig und konnte mich auch über unwesentliche Dinge sehr ärgern. Das ist nun vorbei, ja ,das geht soweit, daß ich mir gelobt habe, nie mehr im Zorn die Stimme zu erheben und glaube, dieses Versprechen auch einhalten zu können (besonders jetzt, wo es schwarz auf weiß festgehalten ist). Auch das »sich ärgern« im allgemeinen hat stark nachgelassen. Ein Verkehrsstau, das dumme Gequassel eines Mitmenschen, all das nimmt man gelassen hin und denkt daran, daß es ja richtig heißt »sich ärgern«, also sich selbst aufregen und damit selbst den Schaden zu haben! Das »sich ärgern«, ist ein Zustand, der unmittelbar und ganz spontan kommt, ohne Einschaltung des Gehirns. Wie oft passiert es doch, daß man sich über etwas ärgerte, nur um nachher, wenn man in Ruhe über den Vorfall nachdachte, die Unsinnigkeit des Ärgerns zu realisieren. Vorbei! Man hat gewissermaßen eine Hornhaut gegen solche Emotionen angesetzt.

Lebensfreude

Von allen Veränderungen, die ich mitgemacht habe, steht der permanente Glückszustand, der in Worten gar nicht zu erklären ist, an erster Stelle. Man ist einfach ständig innerlich heiter, beim Aufwachen, während des Tages, beim Schlafengehen. Und das ohne äußeren Grund. Übertroffen wird dieses Gefühl nur noch während des Fastens (siehe später).

Natürlich hält dieser Zustand dann nicht an, wenn ein wirklich unangenehmes Ereignis eintritt, aber auch dann ist die Bestürzung oder die Sorgen, die man sich in einem solchen Falle macht, lange nicht so gravierend wie dies früher der Fall war. Man freut sich regelmäßig auf den nächsten Tag, auch wenn gar nichts besonderes bevorsteht.

Die Einsamkeit,d.h. das Alleinsein, nimmt plötzlich eine neue, nie gekannte Dimension an.

Man freut sich, allein zu sein, denkt intensiver über die Dinge nach und braucht plötzlich die Anwesenheit anderer Menschen nicht mehr.

Seit einiger Zeit gibt es in Wien ein Plakat »Lächeln hat Vorrang«. Der Verfasser muß ein Anhänger des neuen Lebens gewesen sein. So ertappe ich mich häufig dabei, ohne Grund zu lachen oder zumindest zu lächeln, auf der Straße, im Auto, gleichgültig, ob ich allein bin oder nicht, und völlig ohne sichtbaren Grund.

Ich muß aber oft daran denken, wie segensreich es wäre, wenn Manager und Politiker, Menschen mit viel Verantwortung auf diese Lebensweise übergehen würden! Was für gewaltige Vorteile doch den Unternehmen - und im Fall der Politiker - uns allen daraus erwachsen würden!

Auch andere Werte haben sich verlagert: Das Materielle, das in unserem Leben eine so große Rolle spielt, wird mehr und mehr in den Hintergrund gedrängt.

Vor einem Jahr hatte ich noch viele Sachwünsche. Das ist anders geworden: Ob ich diese Dinge habe oder nicht, ist mir relativ gleichgültig.

Jan Willem van de Wetering, ein junger Holländer, der lange in einem Zen-Kloster in Japan verbrachte, schreibt in seinem Buch »Der leere Spiegel« über die Zeit vor seinem Klosteraufenthalt:

»Wir wollen besitzen und unseren Besitz ständig vermehren. Wir wollen sein und mehr sein und weiter sein, sogar nach dem Tod, durch unsere Kinder und den Namen der Firma, die wir gegründet haben. Wir wollen einen Namen haben, eine Persönlichkeit, und diese muß immer bedeutender werden. Die Begierde ist im wesentlichen unbewußt, aber sie hält uns in Gang. Das Ego, das falsche Ich, das wir mit soviel Mühe herumschleppen und fortwährend füttern, ist ein Wölkchen; es verändert ständig seine Form, besteht aus Momentaufnahmen vom Baby bis zum alten Mann. Was uns im vergangenen Jahr beschäftigt hat, ist heute ohne Bedeutung, und was uns jetzt beschäftigt, wird in einem Jahr sinnlos und vergessen sein.«

Ein amerikanischer, sehr erfolgreicher Manager, der sich kürzlich in relativ jungen Jahren zurückgezogen und dem Zen-Buddhismus gewidmet hat, meinte, als man ihn fragte, ob er sein »Aussteigen« bereue: *»I have never seen a man who complained on his death-bed that he did not spend more time in his office.« (»Ich bin noch nie jemanden begegnet, der auf seinem Totenbett darüber klagte, nicht mehr Zeit in seinem Büro verbracht zu haben.«)*

Wenn ich das bisher Geschriebene so betrachte, so merke ich erst, wie schwer es ist, einen Zustand zu beschreiben, der für den anderen ganz neu und daher auch unverständlich sein muß. Es ist, als hätte man einen - nicht dokumentierten - Ausflug auf einen anderen Stern gemacht und müßte nun einer skeptischen und verständnislosen Menge darüber erzählen. Und doch hat sich alles so abgespielt wie ich es hier geschildert habe. Das Faszinierende dabei ist, daß im Gegensatz zum Sternenausflug jeder Mensch diesen Weg beschreiten und dieselben Resultate erzielen kann.

Ich komme mir vor wie jemand, der in einem gemütlichen warmen Zimmer sitzt; draußen stürmt und schneit es. Die Tür ist offen, doch die frierenden Menschen draußen zögern, herein zu kommen, obwohl das doch so einfach wäre.

Wie sagt doch *Dr. Hay*: *»Der Geist steigt zu einer Höhe und Reinheit, die vordem nie erreicht wurde und neue Welten scheinen sich dem Glücklichen zu öffnen.«*

Teil III

Fasten

Mit der bisher beschriebenen Ernährung glaubte ich, den besten Weg zu einem glücklichen, gesunden Leben gefunden zu haben. Eine weitere Steigerung schien mir kaum mehr möglich. Bis ich das Fasten entdeckte.

Fasten - d.h. nichts zu dir nehmen außer Wasser (kein Obst, keine Säfte, nur Wasser) - dieser Begriff war mir bis vor kurzem völlig fremd und völlig unbegreiflich. Wenn etwa einer der amerikanischen Autoren, *T. C. Fry*, in seinem Buch »Dynamische Gesundheit« berichtet, daß er jeden Montag fastet, so stufte ich ihn am Anfang unter jene Extremisten ein, die die Sache so weit treiben, daß sie z.B. keine Seife und Zahnpaste benützen (chemische Produkte) und schob die Sache ad acta. Erst ein Gespräch mit einem Bekannten und regelmäßigen »Faster«, in dem er über die Leichtigkeit und Mühelosigkeit des richtigen Fastens und den damit verbundenen Freuden erzählte, bewogen mich, mich näher mit diesem Thema zu beschäftigen. Die Lektüre dreier Bücher: »Fasten kann Ihr Leben retten« von *Dr. Herbert M. Shelton* , »Schleimfreie Heilkost« von *Professor Arnold Ehret* und »Wunder des Fastens« von *Dr. Paul C. Bragg* stimmten mich dann vollends um und seit dieser Zeit faste ich regelmäßig einen, zwei, drei oder zehn Tage (vielleicht werden es später auch noch mehr sein).

Die Wirkung des Fastens ist schlicht umwerfend und kann mit Worten kaum beschrieben werden, obwohl ich es versuchen will. Gewichtsabnahme ist - wie ich schon früher erwähnt habe - kein Thema mehr für mich; wenn ich faste, geht es mir ausschließlich um die ungeheure Klarheit und Lebensfreude, die einen während und nach der Fastenzeit überkommt. Fasten ist Freude, Hunger ist Zwang. Fasten kann zu einem inneren Abenteuer werden. Man muß es erlebt haben, um es beschreiben zu können. In seinem Buch »Bewußt Fasten« meint *Dr. Rüdiger Dahlke*: *»Es ist ein Reiseführer für eine Reise nach Innen, aber kein Ersatz für eine Reise.«*

Es ist dies keine Euphorie, sondern ein leichtes, angenehmes »joie de vivre«, die Freude, am Leben zu sein in einer Weise, wie ich sie nie zuvor verspürt habe. Ein Arzt, der auf die Behandlung von Drogensüchtigen spezialisiert ist, vergleicht die Wirkung des Fastens mit der von LSD: Die Erweiterung des Bewußtseins ist bei diesen beiden Methoden sehr ähnlich.

Prof. Arnold Ehret drückt dies mit folgenden Worten aus:

»Ihr Verstand, Ihr Denken, Ihre Ideale, Ihre Bestrebungen und Ihre Philosophie ändern sich grundlegend in einer Art und Weise, daß es jede Beschreibung übersteigt. Ihre Seele wird jubeln aus Freude und Triumph über alles Elend des Lebens, das Sie hinter sich lassen. Zum ersten Mal werden Sie in Ihrem Körper die Schwingungen der Lebenskraft spüren (wie leichter elektrischer Strom), die Sie herrlich schütteln. Sie werden erfahren und erkennen, daß Fasten (und nicht Psychologie und Philosophie) der wahre und einzige Schlüssel zu einem erhabenen Leben ist; die Offenbarung einer wunderbaren Welt und der geistigen Welt.«

Heilfasten, d.h. Fasten, um eine Krankheit, einen Schmerz oder ein sonstiges Gebrechen zu überwinden, habe ich selbst nie versucht, doch wird z.B. in den erwähnten Büchern von aufsehenden Erfolgen auf diesem Gebiet berichtet. Wenn ein Tier krank oder verletzt ist, zieht es sich auf einen möglichst ungestörten Ort zurück und fastet. Dies ist der einzige ihm zur Verfügung stehende Abwehrmechanismus. Der Körper kann sich dabei, ungestört von anderen Aufgaben wie etwa der Verdauung, völlig auf die Heilung konzentrieren. Eine erfreuliche Nebenerscheinung, die ich bei mir feststellen konnte: Es gibt keinen Schnupfen und keine Erkältung mehr; früher kam der Schnupfen im Winter wie das Amen im Gebet. Wenn ich mich jetzt erkälte, so ist die Krankheit nach einem Tag verschwunden.

Doch nun zum Fasten von gesunden Menschen. Zunächst: Fasten und Hungern sind verschiedene Begriffe. Beim gezielten Fasten faßt man schon einen oder mehrere Tage zuvor den Entschluß, den kommenden Tag oder mehrere Tage nichts zu essen. Früher hätte ich so etwas wahrscheinlich nie durchgestanden, aber nach fast zwei Jahren der richtigen Ernährung und der damit verbundenen Stärkung des Willens ist dies für mich heute durchaus möglich. So schreibe ich diese Zeilen am vierten Fastentag, ohne auch nur eine Spur von unangenehmen Hunger zu verspüren. Ich erkläre mir das so: Wenn man sich fest vornimmt, nichts zu essen, so nimmt dies das Unterbewußtsein - resignierend - zur Kenntnis und drängt nicht nach Nahrung. Wenn aber nur eine vage Absicht zu fasten besteht, aber kein fester Entschluß, so versucht der Körper unter allen Umständen zu seinem Recht zu kommen, und dies gelingt ihm auch, weil eben der Geist nicht überzeugend genug auf ihn einwirkt. Der berühmte Arzt *Dr. Buchinger* leitete über 30.000 Fastenkuren, wobei kurzfristiges Fasten (bis zu 6 Tagen) auch bei untergewichtigen

Personen mit Erfolg durchgeführt wurde. Die Patienten wogen nach einem längeren Zeitraum regelmäßig mehr als vor der Kur.

Während des Fastens verschwindet die Müdigkeit, und auch das Bedürfnis nach Schlaf ist stark eingeschränkt. Wie soll ich Ihnen die Gefühle beschreiben, die man während des Fastens empfindet? Im Moment sitze ich - nach 4 Stunden Schlaf - um 3 Uhr früh vor der Schreibmaschine und fühle mich so frisch und voller Tatendrang, als hätte ich 24 Stunden durchgeschlafen. Aber andere können die Wirkung des Fastens besser schildern als ich.

Prof. Arnold Ehret (1866-1922) ist der Begründer des Heilverfahrens mit schleimfreier Kost. In Freiburg geboren, wurde *Ehret* in jungen Jahren von den Ärzten (insgesamt 24!) für unheilbar erklärt. Mit ungeheurer Energie nahm der junge *Ehret* seine Genesung selbst in die Hand und entdeckte nach vielen verschiedenen Ernährungsexperimenten, die er an sich selbst vollzog, die heilende Wirkung von frischem Obst und Gemüse, gekoppelt mit Fastenkuren. Er schreibt:

»Ein unbeschreibliches, vorher nie gekanntes Gefühl besserer Gesundheit, von mehr Lebenskraft, größerer Leistungsfähigkeit, von mehr Ausdauer und Stärke überkam mich und brachte mir viel Freude und das Glücksgefühl, am Leben zu sein. Dies betraf nicht nur den Körper, sondern es fand auch eine große Veränderung in meinen geistigen Fähigkeiten statt. Bessere Wahrnehmung, klarere Erinnerung, ich hatte mehr Mut und Hoffnung; und vor allem, ich bekam einen Einblick in das Spirituelle, das wie ein Sonnenaufgang wirkte und ein Licht auf alle höheren und geistigen Probleme warf: Alle meine Fähigkeiten

waren verbessert, bei weitem besser als während meiner gesündesten und besten Jugendzeit. Körperliche Leistungsfähigkeit und Ausdauer nehmen wunderbar zu.«

Und weiter über eine Reise:

»Um unsere Leistungsfähigkeit bei erschöpfender Arbeit zu erproben, machten wir eine Reise nach Norditalien, dort wanderten wir 56 Stunden lang ununterbrochen ohne Schlaf; ohne Pause und ohne Nahrung. Wir tranken nur etwas. Dies nach einer siebentägigen Fastenkur, nach der wir eine einzige Mahlzeit aus zwei Pfund Kirschen zu uns nahmen. Fachleute, die davon hörten, nannten dies einen wunderbaren Test, von ihrem Standpunkt aus. Woher kam die Kraft für diese Leistung? Durch den Stickstoff, das Eiweiß, die organischen Salze, die Fette, die Vitamine oder wodurch? Nach einem 16stündigen Marsch machte ich Kniebeugen und Armstreckungen, 360 in wenigen Minuten. Später brachten zahlreiche Kraft-Tests mit sportlichen Teilnehmern noch bessere Ergebnisse. Dies alles, nachdem ich für unheilbar erklärt worden war, und mein Vater und mein Bruder an Schwindsucht gestorben waren. Als vollkommen veränderter Mensch verlangte ich nach höheren Erfahrungen, nicht nur körperlicher, sondern geistiger und seelischer Art.

Fasten, das größte Heilmittel der Natur wurde bislang so undurchdacht angewandt und wird von den meisten so gründlich mißverstanden, daß es sehr wichtig ist, es richtig zu erklären. Durch meine lange Erfahrung, mich selbst mit Fasten und schleimfreier Kost zu heilen und durch das Leiten von Fastenkuren für viele Hunderte in meinem Sanatorium in der Schweiz über einen Zeitraum von mehr als zehn Jahren, kann ich mit Sicherheit belegen, wie wun-

dervoll die Wirkung und der Nutzen bei richtiger Anwendung sind.«

Ein weiterer - für mich sehr überzeugender - Verfechter der Fastenlehre ist *Dr. Paul C. Bragg*, ein amerikanischer Arzt, der sein Buch »Wunder des Fastens« im 88. Lebensjahr schrieb (er wurde fast 100 Jahre alt). Auch er fastete wöchentlich einmal 24-36 Stunden lang und absolvierte jährlich noch einige mehrtägige Fastenkuren (wobei nicht nur er, sondern auch andere Fachleute vor längeren Fastenkuren - über zwei Tage - ohne Aufsicht eines erfahrenen Arztes warnen). *Dr. Bragg* erzählt in seinem Buch »Wunder des Fastens« von einer Reise im Jahr 1946, bei der er *Mahatma Gandhi* durch Indien begleitete. Drei Wochen lang fastete der damals 77jährige *Gandhi,* spindeldürr, aber ungemein stark, geistig, körperlich und seelisch. Von Dorf zu Dorf ging der Weg, alles zu Fuß. *Gandhi* wie auch die *Fakire,* die alle mager sind und dennoch über lange Perioden fasten, sind der Beweis dafür, daß beim Fasten nicht vom eigenen Körper gezehrt wird, wie dies viele Fachleute behaupten. Dazu wieder *Professor Arnold Ehret*:

»Schlanke Menschen können leichter und länger fasten als übergewichtige. Der Hindu-Fakir, der nur aus Haut und Knochen besteht, der magerste existierende Typus kann am längsten - und ohne zu leiden fasten. Wo ist in diesem Fall ein 'Verbrauch des Körpers'? Ich fand weiter heraus, daß, um so mehr der Körper von Abfall (Schleim) gereinigt ist, desto leichter und länger kann man fasten. Deshalb muß eine Fastenkur durch eine ausscheidende und abführende Kost vorbereitet werden.

Mein Weltrekord von 49 Tagen Fasten konnte unter den auferlegten Bedingungen nur durchgeführt werden, weil ich vorher über einen langen Zeitraum eine streng schleimfreie Kost zu mir genommen hatte. Mit anderen Worten, ich konnte dieses lange Fasten aushalten, und Sie können eine Fastenkur viel leichter und viel länger durchhalten, je mehr der Körper von Fett befreit ist, je mehr der Körper von Schleim und Giften befreit ist, die ganz oder teilweise ausgeschieden werden, sobald man mit Essen aufhört. Keine einzige Zelle, die noch in lebendem Zustand ist, wird vom Körper abgestoßen, verbrannt oder verbraucht! Je reiner, je freier von Belastungen (von Abfall) Ihr Körper ist, um so leichter und länger können Sie allein mit Wasser und Luft fasten!«

Ich habe mit dem Fasten begonnen, nachdem ich mich mehr als eineinhalb Jahre nach den Prinzipien des neuen Lebens ernährt habe. Es ist sicher nicht anzuraten, mit dem Fasten zu beginnen, wenn man bis dahin normal gegessen hat. Wenn Sie mich fragen, wie lange vor dem Fasten man »richtig« gegessen haben muß, dann muß ich allerdings passen.

In den Büchern über Fasten wird immer wieder auf die Beispiele aus der Vergangenheit hingewiesen: Wir wissen, daß Christus 40 Tage fastete, bevor er begann, die großen Lebensweisheiten zu lehren.

In den 50er Jahren wurde durch einen Zufall die in der Zwischenzeit berühmt gewordenen Schriftrollen in Qumran am Toten Meer entdeckt. Für uns ist besonders das Friedensevangelium der Essener, Buch 1, von Bedeutung. Die Essener baten *Jesus* ihnen von den Gesetzen zu sprechen durch die sie geheilt werden könnten. Und *Jesus* sprach: *»Wenn ihr wollt, daß das lebendige Wort Gottes und Seine Macht in euch eindringen kann, dann beschmutzt nicht euren Körper und euren Geist; denn der*

Körper ist der Tempel des Geistes, und der Geist ist der Tempel Gottes. Darum reinigt den Tempel, damit der Herr des Tempels darin wohnen kann und einen Platz einnehmen kann, der Seiner wert ist. Und von allen Versuchungen eures Körpers und Geistes, die von Satan kommen, zieht euch zurück unter den Schatten von Gottes Himmel. Erneuert euch und fastet. Denn ich sage euch wirklich, daß der Satan und seine Plagen nur durch Fasten und Beten ausgetrieben werden können. Bleibt allein und fastet und zeigt euer Fasten keinem Menschen. Der lebendige Gott wird es sehen, und groß wird die Belohnung sein. Und fastet, bis Beelzebub und all seine Übel euch verlassen und all die Engel eurer Erdenmutter kommen und euch dienen. Wahrlich, ich sage euch, wenn ihr nicht fastet, werdet ihr euch nie aus der Macht des Satans befreien können und von allen Krankheiten, die Satan verursacht. Fastet und betet inbrünstig und sucht die Macht des lebendigen Gottes für eure Heilung. Meidet die Menschenseele während des Fastens und sucht die Erdenmutter, denn der Suchende wird finden.«

Dazu schreibt *Dr. R. Dahlke*, Autor des Buches »Bewußt fasten«: *»Diesen Anweisungen sind offentsichtlich viele Menschen gefolgt, und daraus erklärt sich wohl auch die heute unvorstellbare Kraft, welche die frühen Christen erfüllte und sie in den schweren Zeiten der Verfolgung aufrecht wandeln ließ.*

Auch wir könnten heute aus diesen Worten Kraft und Orientierung ziehen, genausogut, wie wir sie beiseite schieben können wegen ihrer alten poetischen und ungewohnten Sprache. Machen wir uns aber die Mühe, diese Worte in die Gegenwart zu übertragen und auf unsere heutige Situation anzuwenden.«

Die Evangelien der Essener wurden Jahre vor den Funden am Toten Meer von *Dr. Székély* - einem in Paris lebenden Philologen ungarischer Abstammung - in den Geheimarchiven des Vatikans entdeckt und aus dem Aramäischen übersetzt. Der Inhalt weist große Ähnlichkeiten mit dem Neuen Testament auf. *Jesus* ist der wohl bedeutendste Essener. Seit den Funden am Toten Meer herrscht eine hitzige Kontroverse zwischen jenen Wissenschaftlern, die in Jesus, dem Essener, den Gründer des Christentums sehen, und der offiziellen Version der katholischen Kirche, die eine solche Verbindung abstreitet. Die erstere Gruppe beschuldigt den Vatikan, wichtige Schriftrollen aus dem Fund am Toten Meer zurückzuhalten. Im ersten Buch des Essener Evangeliums verblüfft vor allem die genaue und detaillierte Beschreibung einer richtigen Ernährung sowie der segenreichen Wirkungen des Fastens.

Moses, Elias, David und andere fasteten ebenfalls über längere Zeiträume. *Pythagoras* forderte von seinen Schülern, daß sie 40 Tage fasteten, bevor er sie in die Geheimnisse seiner Lehren einführte. Und so könnte man noch viele weitere Beispiele anführen.

Fasten kann jeder gesunde Mensch, der sich vorher nach den Prinzipien eines neuen Lebens ernährt hat, es verursacht keine Kosten und bringt dennoch einen unendlich hohen Gewinn! Ihre ganze Energie - auch Vitalkräfte genannt - steht jetzt zu Ihrer persönlichen Verfügung. Während diese sonst größtenteils zur Zerkleinerung der Nahrung, Ihrer Verdauung und Ausscheidung aufgebraucht wurde, dient sie jetzt lediglich der Reinigung des Körpers und der Versorgung des Gehirns. Die erhöhte Putzarbeit des ganzen Körpersystems macht sich auch durch eine sehr dunkle Urinfarbe bemerkbar. Wenn Sie sich die Mühe machen, diesen Urin in eine Flasche abzufüllen und eine Woche stehen zu lassen, so werden Sie bemerken, daß sich eine größere Menge Giftstoffe in Form einer wolkigen Substanz abgesetzt hat.

Während des Fastens habe ich zuweilen unter Verdauungsschwierigkeiten zu leiden gehabt. Mit einem - selbstapplizierten- Einlauf (mit lauwarmen Wasser) kann dem Abhilfe geschaffen werden. Es ist erstaunlich, welche Kotmengen bei dieser Gelegenheit ausgeschieden werden.

Ich wiederhole nochmals, was ich schon einmal geschrieben habe: Es kann vorkommen, daß am zweiten oder dritten Tag des Fastens, wenn der Körper noch nicht an fasten gewöhnt ist, Müdigkeit und allgemeine Niedergeschlagenheit eintreten kann (dasselbe passiert übrigens auch nach Beginn der Obst- und Gemüsekost). In diesem Falle nicht das Zutrauen verlieren und sich sagen: *»Das ist halt nichts für mich, ich kehre wieder zu meinem alten Essen zurück.«* Das wäre grundfalsch. Der Grund: Durch das Fasten - oder die neue Kost - wird eine große Menge von Abfallstoffen in den Kreislauf eingebracht. Diese werden aber bald wieder ausgeschieden. Also: Geduld und durchhalten!

Daß derartige Krisen beim Fasten regelmäßig vorkommen, wußte man schon vor 2.000 Jahren. In jenem Essener Friedensevangelium (Schriftrollen vom Toten Meer) wird gesagt:

»Und es gab noch andere Kranke, die viel an ihren Schmerzen litten, die aber trotzdem weiter fasteten. Und ihre Kraft war verbraucht und große Hitze kam über sie. Und als sie aus ihrem Bett aufgestanden waren, um zu

Jesus zu gehen, begannen ihre Köpfe sich zu drehen, als ob ein stürmischer Wind sie schüttelte. Und so oft sie versuchten, auf ihren Füßen zu stehen, fielen sie wieder zu Boden. Da ging Jesus zu ihnen und sagte: 'Ihr leidet, denn Satan und seine Krankheiten martern euren Körper. Aber fürchtet euch nicht, denn ihre Macht über euch wird schnell enden.' Wahrlich, ich sage euch, genauso betrat der Satan eure Körper, welche die Wohnungen Gottes sind. Und er nahm alles in Besitz, was er stehlen wollte: Euren Atem, euer Blut, eure Knochen, euer Fleisch, eure Eingeweide, eure Augen und eure Ohren. Aber mit eurem Fasten und beten habt ihr den Herrn eures Körpers und seine Engel zurückgerufen. Nun sieht Satan, daß der wahre Herr eures Körpers zurückkehrt und daß dies das Ende seiner Macht ist. Deshalb sammelt er in seinem Zorn seine Stärke noch einmal, damit er den Körper zerstört, bevor der Herr kommt. Darum martert euch Satan so qualvoll, denn er fühlt, daß das Ende gekommen ist. Aber laßt eure Herzen nicht zittern, denn bald werden die Engel Gottes erscheinen, um wieder ihre Wohnstätten zu belagern und sie wieder als Tempel Gottes zu weihen. Und sie werden Satan packen und ihn aus eurem Körper hinauswerfen mit all seinen Krankheiten und all seinen Unreinheiten. Und glücklich werdet ihr sein, denn ihr werdet die Belohnung für eure Standhaftigkeit erhalten und ihr werdet keine Krankheiten mehr sehen.«

Vor und nach dem Fasten soll übrigens einige Tage gemäßigt gegessen werden. Laut *Prof. Ehret* machen viele Ärzte, die vom Fasten wenig Ahnung haben, die Versuche ihrer Patienten zu Fasten (oder Obst zu essen), dadurch zunichte, daß sie bei der ersten Krise dieses mit dem Fehlen der »gesunden Mischkost« erklären und den Patienten wieder zur Aufnahme der alten Eßgewohnheiten überreden.

Prof. Ehret faßt den Genuß von Obst und Frischgemüse und das Heilfasten in folgenden Worten zusammen:

»Je freier Sie von jeglicher Art von Abfällen und Giften werden, desto mehr werden Sie die größte aller Wahrheiten wahrnehmen, fühlen und glauben: Daß die paradiesische Ernährung nicht nur genügt, sondern Sie höher und höher bringt, in eine körperliche und geistige Verfassung, wie Sie sie niemals zuvor erfahren haben.«

Ich kann dies aus eigener Erfahrung aus ganzem Herzen bestätigen! Wenn ich eine wichtige Arbeit durchzuführen habe, die Geist, Zeit und Konzentration erfordert, so mache ich es mir zur Gewohnheit, am Tag davor zu fasten. Vor einigen Tagen konnte ich - nach so einem Fasttag - ohne eine einzige Unterbrechung 7 Stunden konzentriert arbeiten, etwas, was mir auch in meiner Jugend unmöglich gewesen wäre! Die Stärkung des Willens, von der ich schon früher gesprochen habe, spielt beim Thema Fasten eine wichtige Rolle. Ist einmal der Entschluß gefaßt ,einen, zwei, oder mehrere Tage zu fasten und - ohne Ausnahme! - nur Wasser zu trinken, so hält man sich eisern daran.

Ich bin nun am Ende meiner Erzählung. Die Umstellung auf diese Art der Ernährung war zweifellos eines der wichtigsten und schönsten Ereignisse in meinem - immerhin nun schon recht langem - Leben. Der einzige Fehler: daß ich diese Umstellung nicht schon viel früher vorgenommen habe.

Vielleicht mag Ihnen das alles ein bißchen zu stark nach Zwangsbeglückung klingen. Zwingen kann man niemanden, doch bin ich fest davon überzeugt, daß jeder gesunde

Mensch, der jetzt den Entschluß faßt, die Regeln eines neuen Lebens zu seinen eigenen zu machen, die gleichen herrlichen Veränderungen in seinem Dasein verspüren wird wie ich selbst. Nur Mut, Entschlossenheit und Glaube gehören dazu.

»Glaube ist der Vogel, der singt, wenn die Nacht noch dunkel ist« (indisches Sprichwort).

Eine sehr liebe alte Frau sagte neulich, als wir über dieses Thema sprachen: *»Wissen S', mein Mann tut halt gar so viel gern essen und wenn er das nicht hat, so wird er ganz unausstehlich.«* - Wenn das so ist, so hält man sich lieber an »Der Phäake« von *Josef Weinheber*.

Der Phäake:

Ich hab sonst nix, drum hab ich gern
ein gutes Papperl, liebe Herrn:
Zum Gabelfrühstück gönn ich mir
ein Tellerfleisch, ein Krügerl Bier,
schieb an und ab ein Gollasch ein,
(kann freilich auch ein Bruckfleisch sein),
ein saftiges Beinfleisch, nicht zu fett,
sonst hat man zu Mittag sein Gfrett.
Dann mach ich - es is eh nicht lang
mehr auf Mittag - mein Gsundheitsgang,
geh übern Grabn, den Kohlmarkt aus
ins Michaeler Bierwirtshaus.
Ein Hühnersupperl, tadellos,
ein Beefsteak in Madeirasoß,
ein Schweinpörkelt, ein Rehragout,
Omeletts mit Champignon dazu,
hernach ein bissel Kipfelkoch
und allenfalls ein Torterl noch,
zwei Seidel Göß - zum Trinken mag
ich nicht viel nehmen zu Mittag,
ein Flascherl Gumpolds, nicht zu kalt,
und drei, vier Glaserl Wermuth halt.
Damit ich's recht verdauen kann,
zünd ich mir mein Trabukerl an
und lehn mich z'rück und schau in d'Höh,
bevor ich auf mein Schwarzen geh.
Wann ich dann heimkomm, will ich Ruh,
weil ich ein Randerl schlafen tu,
damit ich mich, von zwei bis vier,
die Decken über, rekreier'.
Zur Jausen geh ich in die Stadt

und schau, wer schöne Stelzen hat,
ein kaltes Ganserl, jung und frisch,
ein Alzerl Käs, ein Stückl Fisch,
weil ich so früh am Nachmittag
nicht schon was Warmes essen mag.
Am Abend, muß ich Ihnen sagn,
eß ich gern leicht, wegn meinen Magn,
Hirn in Aspik, Kalbsfrikassee,
ein kleines Züngerl mit Pürree,
Faschierts und hin und wieder wohl
zum Selchfleisch Kraut, zum Rumpsteak Kohl,
erst später dann, beim Wein zur Not,
ein nett garniertes Butterbrot.
Glaubn S' nicht, ich könnt ein Fresser wern,
ich hab sonst nix, drum leb ich gern,
kein Haus, kein Auto, nicht einmal
ein G'wehr im Überrumplungsfall.
Wenn nicht das bissel Essen wär …
(Die Stimme des Volkes:)
Segn S', deswegn ham S' nix, liaber Herr!

Die Entscheidung liegt bei Ihnen!

Über den Autor

Der Autor wurde 1928 in Prag geboren und besuchte dort auch das Gymnasium. Nach Militärdienst und anschließendem Internierungslager in Pilsen, gelang ihm die Flucht nach Österreich, wo er 1948 österreichischer Staatsbürger wurde. *Graf Jakob Coudenhove-Kalergi* betrieb seit 1957 eine Kunststoffmaschinen-Firma, die er 1986 verkaufte. Der Autor ist verheiratet und hat 2 Kinder.

1990 begann das intensive Studium von Ernährungsfragen, besonders der natürlichen Gesundheitslehre.* Der Autor besuchte verschiedene Kuranstalten, »experimentierte am eigenen Leibe« und befaßte sich intensiv mit den Zusammenhängen zwischen Ernährung und der Entwicklung von Geist und Seele.

In seinem Buch *»Ein Neues Leben«* hat der Autor seine persönlichen Erfahrungen seit der Ernährung ab 1990 geschildert und gibt Anregungen zur Nachahmung.

*Nähere Informationen über die natürliche Gesundheitslehre erhalten Sie auf Anfrage bei der Gesellschaft für natürliche Lebenskunde e.V., Postfach 1212, 27723 Worpswede.
Informationen über den Fernlehrgang als GesundheitsPraktiker erhalten Sie von der Waldthausen Gesundheitsschule, Stendorfer Straße 3, 27718 Ritterhude.

Literaturhinweise

Dr. Bircher-Benner »Frischsäfte, Rohkost und Früchtespeisen«

Dr. Paul C. Bragg: »Wunder des Fastens«; »Wasser, das größte Gesundheitsgeheimnis«

Dr. Otto Buchinger »Das heilende Fasten«

Rüdiger Dahlke »Bewußt fasten«

Harvey und Marilyn Diamond: »Fit fürs Leben« Teil I und II-R

Marilyn Diamond »Neue Eßkultur mit SonnenKost«

Prof. Arnold Ehret: »Die schleimfreie Heilkost«; »Vom kranken zum gesunden Menschen durch Fasten«

T. C. Fry: »Dynamische Gesundheit«

A.t. Hovannessian (ATERHOV) »Rohkost - unsere natürliche Nahrung«

Wilferd A. Peterson »Fit fürs Leben durch kreatives Denken«

Dr. med. Erich Rauch: »Die Darmreinigung nach Dr. med. F. X. Mayr«

Dr. Herbert M. Shelton: »Fasten kann Ihr Leben retten«; »Richtige Ernährung mit natürlicher Nahrung«-R

Volker Sommer: »Die Affen - unsere wilde Verwandtschaft«

Wolfgang Spiller »Dein Darm - Wurzel der Lebenskraft«

Dr. Székély »Das Friedensevangelium der Essener«

Dr. John Tilden: »Mit Toxämie fangen alle Krankheiten an«

Dr. med. L. Walb, Dr. med. Thomas und *Dr. med. Monika Heinzte:* »Original Hay'sche Trennkost«

Dr. Norman W. Walker »Frische Frucht- und Gemüsesäfte«-R; »Täglich frische Salate erhalten Ihre Gesundheit«; »Darmgesundheit ohne Verstopfung«

Helmut Wandmaker: »Willst Du gesund sein? Vergiß den Kochtopf!«

Josef Weinheber: »Wien wörtlich«

Jan Willem van de Wetering: »Der leere Spiegel«

Besonderes Lob und Anerkennung gebührt dem *Waldthausen Verlag* (D-27718 Ritterhude), bei dem die meisten der hier angeführten Bücher, vor allem die Übersetzungen der amerikanischen Werke, erschienen sind.

Unsere Buchempfehlungen

Arshavir ter Hovannessian (ATERHOV)

Unsere natürliche Nahrung – Rohkost

Rohe pflanzliche Nahrung sollte die einzige Nahrung des Menschen sein. Gekochte Nahrung führt zu allen möglichen Krankheiten bis hin zum Krebs.– *ATERHOV* hat aufgrund seines eigenen Leidensdrucks, hervorgerufen durch viele Krankheiten sowie den Verlust zweier Kinder durch falsche Ernährung und falsche medizinische Behandlungen, noch im Alter von über 60 Jahren Medizin und Ernährungswissenschaft studiert und ist dabei vielen Irrtümern über Medikamente und andere Nahrung auf die Spur gekommen. Er empfiehlt vegetarische Rohkost und begründet seine Erkenntnisse mit seinen eigenen Erfahrungen und den Erfahrungen Tausender Anhänger seiner Ernährungsvorschläge. Dieses Buch klärt auf über ernährungsbedingte Krankheiten (besonders Krebs), Kochkostsucht, Kinderernährung und den Aufbau des menschlichen Organismus.

Dr. Norman W. Walker

Natürliche Gewichtskontrolle

Natürliche Gewichtskontrolle ist auf einfache, ganz natürliche Weise möglich. – Der Autor stellt hier eine Kost vor, die den Bedürfnissen des Körpers nach lebendigen Enzymen entgegenkommt, die nur in unverfälschten, natürlichen Lebensmitteln vorhanden sind. Wußten Sie schon, daß Sie keine Kalorien zählen müssen, um abzunehmen? – daß Sie nicht hungern müssen, um schlank zu werden? – daß Sie Ihre Mahlzeiten nicht abwiegen und auch nie mehr auf der Waage stehen müssen, wenn Sie sich richtig ernähren? – daß Ihre Ernährung nicht eintönig zu sein braucht, wenn Sie wieder eine gute Figur haben möchten? – daß Sie nicht mehr gegen die Sucht auf Süßigkeiten ankämpfen müssen? Sie werden nicht nur eine dauerhafte Gewichtsabnahme erreichen, sondern eine strahlende Gesundheit und dauerhafte Energie haben.

Waldthausen Verlag · 27718 Ritterhude